RETTL MOTSCHENBACHER

HÄCKER, HEILIGE UND HOLLÄMÖFFL

GESCHICHTEN VOM BAMBERGER KAULBERG

Mit einem Nachwort von Klaus Guth
und vielen alten Photographien

VERLAG FRÄNKISCHER TAG

Lektorat: Monika Beer
Fotovorlagen: Wolfram Schmidt
Vignetten: Dieter Lang
Gesamtherstellung: Fränkischer Tag GmbH & Co. KG, Bamberg
Printed in Germany

ISBN 3-928648-29-2

Wie es dazu kam

Meine Großmutter, die »Fra Kuni«, erreichte das hohe Lebensalter von 98 Jahren, bei völliger geistiger Frische. Als Mittelpunkt hielt sie die Großfamilie zusammen. Über viele Jahrzehnte kamen ihre fünf Kinder mit den Familien, oft auch die Nichten und Neffen, am 1. Mai auf dem Kaulberg zusammen, um ihren Geburtstag zu feiern. Dabei wurden immer die alten »Gschichtn und Stückla« der Häcker erzählt – und ich als kleines Mädchen war ganz Ohr und fragte hinterher meine Mutter nach jeder Einzelheit aus, die für die ältere Generation, nicht aber für mich selbstverständlich war.

Dann kam eine Zeit, in der ich mir aus den alten Geschichten nichts mehr machte. Doch wenn man schließlich selbst in die Jahre kommt, steigt – oft ungewollt – die Erinnerung wieder auf. Zwei meiner Vettern redeten mir immer wieder zu: »Jammäschad is, wenn des Zeuch vägessn werd! Aufschreim müßt mers. Du könnäst äs doch!« Aber irgendwie brauchte ich noch einen Anreiz. Und so fragte ich Rudolf Häußler von der Bamberger Lokalredaktion des »Fränkischen Tag«, ob er denn eine Möglichkeit sähe, ein paar Geschichten in der Zeitung zu veröffentlichen. Er sah sie, und das Echo der Leser war positiv. Als immer wieder der Wunsch an mich herangetragen wurde, die Häckergeschichten gesammelt in einem Buch vorzulegen, war das Vorhaben – wie man sieht – bei Verleger Dr. Helmuth Jungbauer vom »Fränkischen Tag« in den richtigen Händen.

Mündlich wurden die Geschichten ja im reinen Dialekt erzählt. Davon übriggeblieben sind hier nur die wörtlichen Reden und ein paar typische Bamberger Ausdrücke. Dazu gehört auch der »Hollämöffl« im Titel. Damit wurde ein ungehobelter, unhöflicher, auch linkischer Mensch charakterisiert, noch treffender als der gebräuchlichere »Stoffl«. »Is dä des a Hollämöffl«, sagten mit Vorliebe Frauen zu dieser Sorte von Männern. Frauen dagegen sind niemals »Hollämöffl«.

In der Schreibweise habe ich mich – auch der besseren Lesbarkeit halber – eher an den »Haanzlesgörch« gehalten. Daß man bei uns die harten Laute t und p weich spricht, weiß eh' jeder Franke.

Der Senior der Kaulberger Häcker, Baptist Motschenbacher, hat mir kurz vor seinem Tod von seinem Klinikbett aus das Häckerlied diktiert – singen konnte er nicht mehr. Es lautet:

Lustig ist das Häckerleben,
weil wir nur in Purpur schweben:
König, Kaiser, Fürsten, Grafen,
alle müssen Häcker haben,
schöne Häcker, groß und klein,
lustig muß ein Häcker sein!

Wenn die Glocke fünf Uhr schlägt,
sind zur Arbeit wir bewegt:
Da ergreifen wir unsere Waffen,
fangen herzhaft an zu schaffen,
hau'n ein Stück wohl aus dem Feld.
Lustig ist ein Häckerheld.

Endlich kommt der Mittag an,
fängt bei uns der Durst schon an:
Und Frau Meist'rin läßt uns bitten,
daß wir schaffen unsr'e Stützen.
Zwölf Maß Bier sin' schön und gut
für ein junges Häckerblut.

Endlich kommt der Abend dann,
schöne Arbeit ist getan.
Dann geh'n wir auf der Promenad' spazieren,
junge Mädchen zu poussieren.
Das ist dann die schönste Zeit,
Häcker sein, des is a Freud!

Der Verfasser dieses Liedes ist unbekannt; es stammt wohl aus dem 19. Jahrhundert. Das Erstaunliche daran ist, daß die Häcker zu dieser Zeit im eigentlichen Wortsinn gar keine Häcker, also Weinbauern, mehr waren. Und auch das »Häckerleben« wird in diesem Lied verklärend dargestellt – die Wirklichkeit sah anders aus: sie war härter, und die Menschen humorvoller. Rettl Motschenbacher

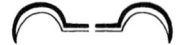

Wie unsä Voddä!

Die Erinnerung verklärt zwar manches, aber die Tatsache, daß mein Großvater, der Häcker Simon, ein jähzorniger Mann war, läßt sich nicht beschönigen. Gereizt durch oft nur kleine Anlässe, hatte er Wutausbrüche von ungeahntem Ausmaß und war nicht imstande, sich zu bremsen, auch wenn es ihn dann später »orch gäreut« hat. Seine Familie wußte, daß es ratsam war, sich nicht in der Nähe des Vaters aufzuhalten, wenn der Zorn ihn packte.

So hatte er einmal auf seinem Feld am Hang der Hohe-Kreuz-Straße einen Krug Bier dabei statt des üblichen Malzkaffees. Gut gelaunt bei der Aussicht auf einen Schluck Bier bei der Arbeit, hantierte er mit seiner Hacke und muß wohl an den Krug gestoßen sein, der in greifbarer Nähe stand. Der fiel um, und eh' der Simon sich versah, war das kostbare Naß im trockenen Boden versickert. Der Häcker stieß einen furchtbaren Schrei aus und versetzte dem blauemaillierten Krug einen heftigen Tritt, so daß der meterweit davonflog. Simon rannte ihm nach und traktierte ihn weiter. Er, der Fußball nur vom Hörensagen kannte, spielte nun sein Spiel mit höchstem Einsatz. Jede Beule ein Treffer, aber gleichzeitig ein Eigentor, weil neuer Zorn über den verdorbenen Krug in ihm aufstieg. Er malträtierte den Krug, der in seinen Augen der Alleinschuldige war, so lange, bis er nur noch ein formloses Gebilde war.

Auch beim Obstpflücken im Herbst ging es zunächst ganz friedlich zu. Der Simon stieg auf der Leiter bis in die Krone des Baumes, um die schönsten und größten Äpfel der Sorte »Winterrambur« zu pflücken. Vorsichtig legte er sie aus der »Krätzn« in den großen Huckelkorb, der auf einem Mäuerchen stand. »Sän die net wie gämolt«, murmelte er wohlgefällig. Zusätzlich zu diesem schönen Tafelobst als Naturalgabe würde das zurückgelegte Geld für die nächsten Zinsen reichen. Als der Simon in die Bänder des vollen Huckelkorbes schlüpfte und ihn anhob, krachte plötzlich der mürbe Boden durch. Die schönen Äpfel plumpsten auf die Erde und kollerten den Hang hinunter. Kein Apfel ohne Matzen! Der Simon stürzte sich auf den Korb und trampelte schreiend auf ihm herum, bis er total flach gewalzt war.

Szenenwechsel, Anfang der sechziger Jahre: Drei Urenkel des Simon kommen vorzeitig vom Schlittenfahren auf den Wiesen der »Flucht« (zwischen Milchweg und Schellenbergerstraße) zurück. Die Eltern sitzen gerade mit ihrem Besuch, der Großtant' Babett, beim Kaffee. Sie wundern sich und fragen besorgt, was denn passiert sei. Der ältere schubst den jüngeren Bruder vor und beklagt sich: »Wechä dem do! Wal der sich so aufgführt hot! Alla Kinnä und Leut hom uns oogschaut!« Die kleine Schwester nickt immer wieder bestätigend mit dem Kopf. Der Angeklagte schluchzt zornig: »Die neua Schi, die könntä dem Christkindla widdä gehm, die daang überhaupt nix!« Der Bub wollte sein Weihnachtsgeschenk ausprobieren, ein Paar kleine, billige Ski, sogenannte »Schneerutscher«. Sie rutschten auch den Berg hinunter, aber ohne den Fahrer, weil sie sich gleich bei den ersten Versuchen von den Schuhen lösten. »Drei- odä viermol bin i nuntägärennt und hob sie widder naufgätrong«, ruft aufgebracht der Clemens – diesen Namen, der soviel wie »der Sanfte, Milde« bedeutet, hatten die ahnungslosen Eltern ihrem zweiten Sohn gegeben. »Und donn«, berichtete der große Bruder erbittert, »hot ä sei Schi gänumma, hot sie a poormol aufn Bodn gschmättät, is drauf rumgätrampelt und hot gschriea: Ich hack sie zamm, ich hack sie zamm!«

Da sagt die Großtant' Babett bewundernd und ergriffen: »Wie unsä Voddä!«

Häckerehepaar Motschenbacher 1922 mit Simon (im Alter von 55 Jahren) und Kunigunda (im Alter von 59 Jahren)

Die Ehrenrettung

Daß mein Großvater, der Häcker Simon, mit seinem Jähzorn einigen Sachschaden anrichtete, habe ich schon erzählt. Aber einmal hätte es fast ein böses Ende genommen.

Der Simon arbeitete wieder auf seinem Feld unterhalb der Hohe-Kreuz-Straße. Dabei war seine zweite Tochter, das sechsjährige Liesäla. Wenn er gut aufgelegt war, nannte er sie »sei Schimmäla«. Sie hatte sehr helle Haare und einen ebensolchen Verstand. Während sie mit einer dünnen Weidenrute spielte und sie pfeifend durch die Luft sausen ließ, hackte der Vater an einem Beet. Da fiel ihr auf, daß seine alte, speckig glänzende Arbeitshose so richtig prall gespannt war. Sie konnte nicht widerstehen: Um sich einen Spaß zu machen, fitzte das Liesäla mit der Rute einmal kräftig über das väterliche Hinterteil.

Wer schon einmal auf diese Weise mit einer Weidenrute Bekanntschaft gemacht hat, weiß, was der Simon »empfand«. Er zuckte zusammen, schrie auf wie ein Stier und ging mit der Hacke auf das Mädchen los. Blitzschnell erfaßte das Liesäla die Gefahr und rannte, so schnell sie konnte, den Abhang hinauf zur Hohe-Kreuz-Straße, die damals nur ein Feldweg war; der Vater mit der Hacke immer dicht hinter ihr her. Weil sie aber klein, schmächtig und sehr beweglich war, konnte er sie nie ganz einholen. Erst beim Hohen Kreuz gab er endlich auf, und sie rannte zitternd heim zur Mutter. Noch im Alter erzählte die Liesl: »Ich glaab, wenn mich dä Voddä domols däwüscht hätt, er hätt mich erschlong wie sellä Häckä sein Bum, so wie's auf dä Häckämarter zä sähng is!«

Vielleicht bedrückte dieser Jähzorn den Simon mehr, als man glaubte. Auf jeden Fall machte er jedes Jahr ganz allein eine Wallfahrt nach »Gössämästaa«. Nachdem er am ersten

Tag den langen Fußmarsch hinter sich gebracht hatte, kehrte er am Wallfahrtsort ein und leistete sich die wohlverdiente Stärkung, nämlich ein »Eierschmalz«, bestehend aus acht Eiern, das mit Brot damals sage und schreibe zwanzig Pfennige kostete. Über seinen Bierkonsum ist nichts überliefert. Am nächsten Morgen ging er in die Basilika zur Beichte und Kommunion. Der Rest dieses Tages war sein »Jahresurlaub«, denn am dritten Tag wanderte er wieder heim.

Das ging jahrelang so zu, bis in den Ersten Weltkrieg hinein. Da jammerte die Wirtsfrau, bei der er immer einkehrte, erbärmlich, daß ihr das ganze Gras verderbe, weil ihr Mann im Feld sei und sie niemand habe, der es schneide. Der Simon als tüchtiger Mäher machte sich an seinem

Häckerfamilie Motschenbacher 1922 mit den Töchtern Rettl, Marri und Liesl

freien Tag sofort an die Arbeit und bis zum Abend hatte er alles geschafft. Wieder daheim, verlor er kein Wort über seinen Einsatz. Vielmehr konnte er gar nicht genug loben, wie schön und erholsam es in Gößweinstein sei, so daß zwei seiner erwachsenen Töchter, die Anna und die Liesl, sich wenig später ebenfalls zur Wallfahrt aufmachten. Selbstverständlich gingen sie in den gleichen Gasthof wie der Vater.

Als die Wirtin herausfand, daß sie aus Bamberg und noch dazu vom Kaulberg kamen, da fing sie an, ein Loblied auf einen braven Mann zu singen, der ihr aus der Not geholfen und ihr ganzes Gras gemäht habe. »Kan Pfennich hot eä däfür gänumma, deä ruhich, fleißich Moo! Und ka bös

»Häckermarter« am Beginn des Oberen Kaulberg

Wort bei der Ärbet und ka Fluch. Däzu so nüchtern und fromm – fast wie a Heilichä! Und ich waaß net amol, wie eä haßt!« Die Töchtä vom Simon überlegten, welcher Häcker das wohl gewesen sein könnte, aber der letzte Teil der Beschreibung paßte auf keinen Kaulberger. »A großä, sauberä Moo wors, und gänau heut vor zwaa Wochn woä eä do«, wollte ihnen die Wirtin auf die Sprünge helfen. Die Anna und die Liesl schauten sich ungläubig an und konnten es nicht fassen: Dieser »Heilige« konnte nur ihr Vater sein!

A Maul voll Bier

Noch im hohen Alter von 97 Jahren schwor meine Großmutter Kuni darauf, daß nur die Biersuppe ihr die Kraft gegeben habe, jedes ihrer sechs Kinder ein Jahr lang zu stillen. Dabei mußte sie schwer auf dem Feld und im Haus arbeiten, und das bei denkbar knapper Kost! Wenn der Großvater Simon im Tagelohn für die Brauereien am Kaulberg arbeitete, brachte er der Kuni am Abend in seiner Kaffeeflasche »a Seidla« mit, aus dem sie dann mit ein wenig Mehl und Eigelb die Biersuppe kochte, die sie auf den Beinen hielt. Das Bier hatte freilich damals – um die Jahrhundertwende – einen geringeren Alkoholgehalt als heute.

»Ja, ja, Maadla«, sagte die Großmutter zu mir, »obä alläs hot halt sei zwaa Seitn! Wenn nä die Häckä frühä des Bier net goä so gärn gämöcht hättn! Do hot oft die ganz Familie druntä leidn müssn – ich mooch goä nimmä dro denkn!« Den Rekord im Biertrinken hat einmal der »long Panzä« aufgestellt, als er bei der Fahnenweihe des Vereins Jüngerer

Häcker sage und schreibe 24 Maß trank . . . Aber auch der Simon konnte ziemlich viel trinken, ohne daß man es ihm anmerkte. Darauf, auf seine Körpergröße und auf seine unbändige Kraft war die Großmutter stolz – sie selber war eine kleine, unscheinbare Frau –, und sie kam wieder ins Erzählen:

Einmal hatten der Simon und der Panzers Kunnä die große Kaiserwirtswiese zu mähen. Als dritten nahmen sie einen jungen Häcker mit, den Seppä. Weil es ein sehr heißer Junitag werden würde, fingen sie schon »vor Togs«, so um fünf Uhr früh, an. Sie stellten sich mit ihren Sensen bei entsprechendem Abstand in einer Reihe auf. Den Jüngsten nahmen sie in die Mitte und mähten mit kräftigen Schwüngen das taunasse Gras.

Doch der Seppä kam bald ins Schwitzen, er konnte nicht Schritt halten und blieb zurück. Die zwei andern trieben ihn mit Spottreden und derben Späßen an, und er war heilfroh, als endlich die Brotzeit da war. Der alt' Kaiserwirt hatte ihnen kein Bier mitgegeben, so hatten sie sich aus dem Keller selber eins »besorgt«. Aber es gab weder Hahn noch Krug! Mit Hilfe eines alten Wetzsteins und eines Prügels stach der Simon an, der Kunnä stemmte das 10-Liter-Fäßla hoch und ließ sich den Bierstrahl direkt in den Mund laufen – so gekonnt, daß kein Tropfen danebenging. Genauso machte es der Simon. Aber der Seppä versuchte es immer wieder vergeblich, er kriegte das Faß nicht hoch. »Und wos mach ich?« fragte er ebenso durstig wie verzweifelt. »Ja«, sagten die zwei mit scheinheiligem Bedauern, »donn mußt halt wartn, bis so leicht is, daß d'äs haltn konnst.« Wie's dann aber so weit war, hat er bloß nuch a Maul voll mit a poä Pechbröckäla drin erwüscht.

Beim Stichwort »Maul voll« fällt mir der bekannte Vers ein, ich glaub' er stammt vom Haanzlesgörch:

Gott, miä hebn die Aang zä dir,
bei am jedn Maul voll Bier.
Halt das größta Unglück fern,
loß des Bier net sauä wern!

Selbst für ein Maul voll Bier waren die Häcker zu einer Lumperei bereit. Da gab es einen Brauereibesitzer und Wirt, der war von der »Schlafkrankheit« befallen, so daß er oft mitten im Satz einschlief, wenn er in seiner Wirtsstube saß. Er ließ sich von seiner Bedienung eine frische Maß bringen und schlief ein, bevor er getrunken hatte. Die Häcker am Nebentisch nützten die Gelegenheit: Jeder nahm schnell ein Maul voll, und der Krug war sogleich leer. Als der Wirt kurz danach aufwachte, wollte er trinken: »Ich hob doch a Bier ghobt«, klagte er, »ich hobs doch örscht bästellt, und äs woä nuch voll!« »Net woä«, wehrten die Häcker ab, »des hättn mä doch gsähng, des mußt gätraamt hom!«

Derselbe Wirt war außerdem ein Analphabet. Das sollte aber niemand merken – natürlich wußte es jeder. So setzte er sich demonstrativ mit seiner Zeitung – im Jahr 1900 war es das »Bamberger Tagblatt« – in seine Wirtschaft und tat so, als ob er interessiert drin lesen würde. Bei den Anzeigen gab es eine Rubrik, in der die Kutscher ihre Dienste anboten, und um sie kenntlich zu machen, war eine kleine Chaise darüber gedruckt. Weil aber der Wirt die Zeitung verkehrt herum hielt, stand die Kutsche auf dem Kopf. »Wos mä alläs aus dä Zeitung äfährt«, rief er erfreut, »Dunnäkeil, scho widdä is a Scheesn umgfalln! Marri, nuch a Bier!«

»Säufertürmla« hinter der Sakristei der Oberen Pfarre

Wu sen mä denn?

Manche Leser werden sich noch an die Eisgerüste der Bamberger Brauereien auf dem Stephansberg erinnern. Wenn es im Winter fror, berieselte man diese mit Wasser, und beim Heruntertropfen entstanden Eiszapfen. Das Eis wurde dann mit Holzhämmern heruntergeschlagen und durch Löcher oder Rutschen in die Keller befördert, wo es bis zum Sommer die Bierfässer kühlte. Diese natürliche Eisgewinnung wurde allmählich durch die moderne Kühltechnik ersetzt. Das letzte dreistöckige Eisgerüst wurde erst 1971 auf dem Keller der »Wilden Rose« abgebaut. Aber um die Jahrhundertwende gab es noch eine ganze Anzahl von ihnen auf den Stephansberger Kellern, auch von Brauereien, die man heute kaum mehr dem Namen nach kennt, wie etwa den »Mohrenpeter« oder den »Kleebaum«.

Bei den Häckern war das »Eisen« ein willkommener Verdienst im Winter, auch wenn die Arbeit nicht ungefährlich war. Man konnte abrutschen und vom Gerüst stürzen, außerdem war schnelles Reagieren auf das herabfallende Eis geboten. Deshalb gab es während der Arbeit nur eine mäßige Bierzuteilung. Aber ein findiger Häcker verschaffte sich einen besonderen Genuß: Er ließ seinen Krug in der Kälte stehen, bis er mit einer dicken Eisschicht bedeckt war. In diese schlug er ein Loch und trank das so entstandene »Starkbier« – und sein Magen hielt es aus! Freibier gab es trotzdem: Wenn die früh einbrechende Dämmerung der Arbeit ein Ende setzte, dann wurde nicht nur der Taglohn ausbezahlt, sondern es gab auch eine Brotzeit und Bier, soviel man wollte. Welcher Häcker hätte da widerstehen können?

Auch der Simon und der Kunnä waren an einem Januartag des Jahres 1902 beim »Eisen« auf dem Stephansberg. Inzwischen war es schon dunkel, das rhythmische Schlagen und Klopfen, das in der klaren Winterluft bis herüber zum Kaulberg zu hören war, hatte längst aufgehört, und die Fraa Kuni machte sich allmählich Sorgen, weil ihr Simon nicht heimkam. Nicht auszudenken, wenn ihm etwas passiert wäre, bei fünf kleinen Kindern! Von Angst getrieben, machte sie sich auf den Weg, vom Oberen Kaulberg die Seelgasse hinunter in Richtung Stephansberg. Die Obere Seelgasse war damals nur ein »Buttenweg«, eine steile, enge Hohlgasse, in der man gerade mit einer »Buttn« auf dem Rücken gehen konnte. Um die Jahrhundertwende wurde diese nur mehr zum Wassertragen im Sommer für die umliegenden Gärten gebraucht. Hundert Jahre früher, als hier im »Süßen Grund« noch Wein angebaut wurde, war die »Buttn« zur Zeit der Lese mit Trauben gefüllt. Unten im Grund verlief eine dichte Hecke, in der nur ein schmaler Durchgang zum Stephansberg ausgespart war.

Schon als die Kuni sich im Finstern dieser Hecke näherte, hörte sie greinende, wimmernde Jammerlaute. Sollten da irgendwo Kinder sein? Als sie den Durchgang erreicht hatte, bot sich ihr ein seltsames Bild, und sie wußte nicht, ob sie lachen oder weinen sollte: Zwei dunkle Gestalten krochen auf allen vieren innen an der Hecke entlang: ihr Simon und der Kunnä. Das Freibier hatte seine Wirkung getan, denn die zwei wußten überhaupt nicht mehr, wo sie waren, und sie suchten vergeblich nach einem Ausweg. »Wu sen mä denn, wu senn mä denn?“ fragte der Simon verzweifelt. »Och Simon, sie hom uns eigschperrt!« jammerte der Kunnä. »Miä kumma nimmä haam!« schluchzten sie gemeinsam. Eigentlich hätte die Kuni die zwei Helden, die größten und kräftigsten Häcker auf dem Kaulberg, schadenfroh noch ein wenig zappeln lassen können – aber dazu war sie eine viel zu gute Frau. Sie machte also dem heulenden Elend ein Ende, half den beiden auf, führte sie zu dem Durchgang und dirigierte sie schließlich heim.

Später erzählte der Großvater Simon gerne im Kreis seiner großen Familie von seinen Streichen, doch die Geschichte vom »Eisen« ließ er stets aus. Fing dann aber die Großmutter an, von den zwei eingesperrten, weinenden Häckern in der Seelgasse zu erzählen, fand er sofort den Ausweg durch die Stubentür.

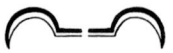

Eisgerüst am Stephansberg

So a gutä Kaffee

Wurde bei den alten Häckern eigentlich nur Bier getrunken? Wie stand es um 1900 mit dem Kaffee und mit der »Kaffeekultur« auf dem Kaulberg?

Bohnenkaffee gab es nur an hohen Feiertagen. Von welcher Qualität er war, läßt sich heute nicht mehr feststellen, auf jeden Fall kam viel Zichorie hinein. Man tat sich was zugute auf die Kunst des Kaffeekochens und zitierte oft abfällig den Spruch von der Bäuerin, die zur Kerwa einen echten Kaffee kochen wollte und nicht wußte, was außer Bohnen sonst noch hineingehörte. »A Zwiebäla vädärbt nix, hot sella Bäura gsocht, und hot aans on Kaffee gätoo!«

Bei den sauberen, jungen Häckersmaadla gab es noch einen anderen Spruch: »A Kuß vo am mit am Schnörrnla is bessä als Kaffee mit Hörnla!« Gerade umgekehrt war es beim Görch, der eine für damalige Zeiten unmännliche Schwäche für Kaffee und Hörnla hatte. Schlecht und recht führte er zusammen mit seinem alten Vater die Wirtschaft und konnte sich lange nicht zum Heiraten entschließen. Jeden Morgen war es seine Aufgabe, die Kühe zu melken und die Milch dann zu den »besseren Leuten« in die Hainstraße zu tragen. Auf dem Heimweg kaufte er sich heimlich, wie er glaubte, immer ein paar frische Bamberger Hörnla. Diese am hellichten Werktag offen heimzutragen, wäre für ihn direkt ehrenrührig gewesen. Also versteckte er sie in der leeren Milchkanne und trug sie so nach Hause. Dort brockte er sie in den Kaffee und löffelte sie in aller Gemütsruhe mit Genuß heraus, während sein Vater schon lange auf dem Feld arbeitete. Doch ein paar Nachbarinnen brauchten nicht lange, um hinter sein Geheimnis zu kommen. Während er sich vollkommen sicher fühlte, sagten die Häckersfrauen mit gutmütigem Spott: »Do konnst doch dei Uhr dänoch

Häckerfrau mit Enkel

stelln, es is halbä neuna, und dä Görch geht haam mit seina Hörnla in dä Milchkanna!«

Normalerweise wurde bei den Häckern täglich eine große Menge Malzkaffee gekocht, natürlich auch mit Zichorie, damit das Getränk schön schwarz und dick wurde. Dann kamen reichlich Milch und ein wenig Zucker dazu. Ein Teil davon wurde in einer Blechkanne mit aufs Feld genommen zum Durstlöschen. »Vo koltn Kaffeeraach werd mä schö«, sagten die Häcker dann augenzwinkernd zu den Frauen.

Die kleine Anna und der Adl waren viel bei ihrer Großmutter, wenn die Eltern auf dem Feld arbeiteten. Hier stand jeden Tag der »Kaffeehofn« mit dem Malzkaffee, von einer dicken Milchhaut bedeckt, auf der Herdseite, und jeder konnte davon trinken. Aber wenn die anderen Enkelkinder aus der ersten Ehe der Großmutter kamen, dann wurden die zwei eifersüchtig, vor allem weil sich die sofort auf den Kaffee stürzten und ihn ganz austranken. So stiftete die Anna ihren Bruder Adl an, gemeinsam Mücken zu fangen, die es reichlich gab. Die stopften sie unter die dicke Haut des Malzkaffees. Als die unerwünschten Gäste kamen, machten sie sich sofort wieder über den Kaffee her und tranken gierig. »Och Gott, is deä Kaffee gut«, sagten sie ein übers andere Mal, »so an gutn Kaffee wie bei der Großmuttä gibt's nirgends!« »Gell«, sagte die Anna, und es gelang ihr, sich das Lachen zu verbeißen. Aber später, als sie auf die Neunzig zuging, hat sie noch immer darüber gelacht.

Nuch an Kaffee

In den Jahren vor dem Ersten Weltkrieg gab sich die Häckerjugend nicht mehr mit Malzkaffee zufrieden und ging am Sonntag ab und zu ins Café, streng getrennt nach Geschlechtern, versteht sich.

Einmal saßen die »Maadla« in der Konditorei Schenk in der Lugbank. Sie hatten sich den beliebten Tisch hinter dem Vorhang gesichert, von dem man alles im Raum beobachten konnte, aber selbst nicht gesehen wurde. Plötzlich kam eine Gruppe junger »Struutzä« herein, so wurden die Häcker spöttisch genannt, in ihrer besten Montur, die Stiefel und die Schnörrnla gewichst und die Uhrketten geputzt. Sie versuchten, ihre Spazierstöckchen weltmännisch zu handhaben und hochdeutsch zu reden.

Die Mädchen hinter dem Vorhang waren wie auf Kommando still und beobachteten durch die Vorhangritzen, wie die Burschen mit vornehm gespreiztem kleinem Finger Kaffee tranken und sich über die Tortenstücke hermachten. Fast hätte die Anna vor unterdrücktem Lachen in die Hose gemacht. Aber erst als der Hans an die Theke ging, mit dem Finger auf ein Stück Torte deutete und gestelzt sagte: »Fräulein, bitte nuch ein sötts«, brach das Gelächter der Maadla richtig los.

Später gab es sogar auf dem Kaulberg so etwas wie ein Café, und zwar auf der St.-Heinrichs-Höhe, einem Gelände rechts von der Würzburger Straße. Da standen ein Wirtschaftsgebäude und eine Kegelbahn. Das Ganze gehörte dem Heinrichsverein und war nur sonntags geöffnet. Im Sommer spielte sich der Kaffeebetrieb im Freien ab. Familien aus der Stadt drunten machten ihren Sonntagnachmittagsspaziergang dahin. Es kamen auch feine Herrschaften: Die Herren in hellen Sommeranzügen, ihre Damen mit großen, blumengeschmückten Florentinerhüten, von den Häckerinnen mit neidvollem Entzücken bestaunt. Sogar einen Ober gab es, den Andrees, einen Häcker, der sich »a weng Geld« verdienen wollte. Am Kaulberg lachte man heimlich darüber, daß die Wahl gerade auf den »oldn Dreckmockl« gefallen war, aber er war kaum wiederzuerkennen in seinem weißen »Frack« und hatte mit Servieren alle Hände voll zu tun. »Ober, Ober« ruft da eine Dame voll Entsetzen, »da ist eine Fliege in meinem Kaffee!« Ungeniert langt der Andrees mit seinem Finger in die Tasse, fischt sie heraus und schimpft vor sich hin: »Dunnämessä, nuch a Muckn – etz hob i doch drinna in dä Küchn scho a Partie rausgezoong!«

Junge Häcker und Kaulberger vor dem Pavillon eines Wirtsgartens um 1920

Die Anna

Die Anna haben wir bei ihrem Streich mit dem »Mucknkaffee« schon kennengelernt. Aber damals war die Zeit der Kindheit kurz. Bei den Häckern wurden die Kinder, sobald es ging, zum Arbeiten herangezogen. So mußte die Anna schon als Schulkind am frühen Morgen die kuhwarme Milch austragen, die ihre Großmutter gemolken hatte. So sehr sie sich auch schickte, sie schaffte es nie, rechtzeitig in die Schulmesse zu kommen, die damals genauso Pflicht war wie der Unterricht.

Im vierten Schuljahr (1901) hatte die Anna eine sehr strenge Lehrerin, die das Zuspätkommen in der Kirche mit dem spanischen Rohr bestrafte. Jeden Morgen wurde die Anna aufgerufen und bekam ihre Schläge auf die Handfläche. Bald stellte sie sich gleich vor dem Katheder auf, um die unabänderlichen Hiebe in Empfang zu nehmen.

Wenn sie dabei ihr trotziges »Pöppelgesicht« machte, mußte sie sich zur Strafe auch noch hinter die Tafel stellen. Doch von da spitzte sie gleich wieder keck hervor und brachte durch Faxen und Grimassen die ganze Klasse, nämlich sage und schreibe 62 Mitschülerinnen, zum Lachen. Als sie am ersten Tag des fünften Schuljahres wieder vor dem Katheder stand, wurde sie von der neuen Lehrerin gefragt, was sie denn wolle. »Mei Hieb«, sagte die Anna und war ganz erstaunt, als sie sich ungestraft wieder setzen durfte.

Das war typisch für die Anna: Sie fand sich mit dem Unabänderlichen ab, ließ sich aber nie ganz niederdrücken und verlor ihren Humor und den Sinn für das Komische nicht. Arbeit war für sie ein Leben lang großgeschrieben und Faulheit die größte Sünde. Als junges Mädchen war sie eine Schönheit, der Mittelpunkt der Geselligkeit auf dem

Anna Motschenbacher in jungen Jahren

Kaulberg. Viele Häcker erzählten noch im Alter davon, daß sie von der Anna das Walzertanzen gelernt hätten.

Sie soll so viele Verehrer gehabt haben, daß sie manchmal durcheinanderkam und mit zweien gleichzeitig »Bestellung machte«, wie das Rendezvous bei den Häckern hieß, glücklicherweise an verschiedenen Orten. Später heiratete sie in die Untere Gärtnerei, aber jeden Sonntag kam sie mit ihrer Familie auf den Kaulberg zurück. Es muß an der letzten Laurenzikerwa vor dem Zweiten Weltkrieg gewesen sein, als sie die »alten« Häcker und Kaulberger abends zum Karussellfahren animierte: Gestandene Männer und Frauen saßen auf den Pferden, Schwänen und Pfauen des beleuchteten alten Karussells und genossen die Fahrt so richtig, während ihre Kinder erstaunt zuschauten.

Die Anna hat nie ein Blatt vor den Mund genommen und immer so geredet, wie sie empfand, aber mit so entwaffnender Natürlichkeit, daß ihr niemand böse sein konnte. »Och Gottla, die arm Sau!« sagte sie etwa im Ton tiefsten Mitgefühls, wenn beispielsweise eine ehemalige Mitschülerin gestorben war, die viel mitgemacht hatte.

Als die Anna schon über 80 war, machte sich bei ihr das viele Knien und Rutschen der Gärtnerarbeit bemerkbar. Sie konnte nicht mehr in die Kirche gehen. So kam der Herr Pfarrer einmal im Monat, um ihr die Krankenkommunion zu bringen. Da saß sie dann, sonntäglich angezogen und immer noch eine saubere Frau, auf ihrem Kanapee. Kurz vor der Kommunion sagte sie zu dem Geistlichen: »Ich waaß scho, Herr Pfarrä, eigentlich müssät ich mich etz nookniena – obä ich ko halt net!« »Machen Sie sich keine Gedanken, liebe Frau, schauen Sie, die Jünger sind beim Letzten Abendmahl sogar gelegen, auf Polstern am Tisch.« Und er gab ihr die Kommunion. »Amen«, sagte die Anna, »die fauln Hünd!«

Unsä Schorschla

Die freundliche Frau Leicht hat mir erlaubt, in ihrem Familienalbum mit den alten Fotos zu blättern. Da stoße ich auf das Bild vom Häckerbübchen im Sarg – und plötzlich sind sie wieder da: die Schilderungen meiner Mutter, an die ich jahrzehntelang nicht mehr gedacht habe und die mir als Kind das Herz schwer werden ließen. Früher hat es nämlich auf dem Kaulberg nicht nur sehr viele Geburten gegeben: Im »Pfarrverzeichnis« der Oberen Pfarre für das Jahr 1786 etwa stehen 256 Kindstaufen 133 »Kindsleichen« gegenüber. Ähnlich waren die Verhältnisse auch noch gut hundert Jahre später. Eine Verwandte hatte damals in einem Jahr drei Kinder zur Welt gebracht: eines im Januar und im Dezember darauf Zwillinge, die aber bald wieder starben.

Am meisten von der Kindersterblichkeit betroffen waren die Säuglinge. Flaschennahrung kannte man bei den Häckern bis in unser Jahrhundert hinein nicht. Die Kinder wurden ein Jahr lang gestillt, bekamen »Mamm«, wie die Muttermilch genannt wurde. Konnte eine Frau nicht stillen, bedeutete das fast immer den Tod für das »Bobbäla« – es sei denn, eine gutherzige Frau, wie die Kuni eine war, legte auch fremde Kinder an ihre Brust, um sie durchzubringen.

Aber auch größere Kinder starben – oft an unerkannten Krankheiten. Eine Krankenversicherung gab es nicht, für den Arzt fehlte meist das Geld, und so nahm man den Tod als unerforschlichen Ratschluß Gottes hin. Der kleine Sarg wurde, so erzählte es mir meine Mutter, auf den Tisch der Wohnstube gestellt, und die Maadla und Bum aus der Nachbarschaft kamen, um ihrem Spielkameraden Weihwasser zu geben und zu beten. Sie brachten auch Gebetbuchbildchen mit, die waren damals ein großer Schatz für ein Kind und wurden nebeneinander in den Sarg gesteckt.

»Obä bei euch is doch kaans gschtorm?« fragte ich bang die Mutter. »Och Gott, freilich, unsä Schorschla! Des woä a Kreuz domols, hauptsächlich für unsä Muttä – ich woä ja örscht drei Joä olt!« Schorschla war 1895 als drittes der sechs Kinder meiner Großeltern geboren worden und soll ein kräftiger, rotbackiger Bub gewesen sein. Während die Eltern auf dem Feld arbeiteten, spielte er im Alter von fünf Jahren mit anderen Kindern vor dem Haus seiner Großmutter am Oberen Kaulberg »Schnorrä« und »Dadzä« – natürlich auf der Straße. Es gab ja kaum Verkehr: Hier und da zockelte ein Kuh- oder Ochsengespann vorbei, Pferdefuhrwerke waren selten und ein Auto eine Sensation. Doch da kam im Zickzack ein betrunkener Bierkutscher daher, peitschte auf seine Pferde ein, und schon wurde das Schorschla vom

Ertrunkenes Kind der Familie Leicht, nach altem Brauch mit Andachtsbildchen aufgebahrt

Wagen erfaßt, und ein Rad fuhr ihm über die Brust. Unerkannt fuhr der Kutscher davon – »gälacht hot ä aa nuch«, erzählten die Kinder später.

Der Bub mußte ein paar Wochen im Bett liegen, an innere Verletzungen dachte damals niemand. Als er endlich wieder aufstand, war er nicht mehr derselbe: dünn, müde und blaß, trotz der guten Bissen, die sich die Mutter vom Mund abgespart hatte. Im folgenden Winter brach eine große Diphtherie-Epidemie aus – kein Wunder, daß das Schorschla angesteckt wurde. Erst in der höchsten Not, als der fiebernde Bub nach Luft rang, ließen die Eltern den Doktor kommen. Noch nie war einer im Haus gewesen, und die Geschwister, neun, sieben und drei Jahre alt, schauten ihn scheu mit großen Augen an, nur das Jüngste im Korb schrie aus vollem Hals. Der Arzt schaute dem kranken Kind in den Hals, zuckte die Achseln und sagte: »Diphtheritis im letzten Stadium! Sie können es ja noch mit Gurgeln versuchen, und zwar mit der Lake von Salzheringen, wie man sie beim Kaufmann bekommt!« Nachdem er sein Honorar erhalten hatte – mehr als das Haushaltsgeld für eine ganze Woche –, entfernte er sich rasch. Die großen Geschwister mußten schnell Salzlake holen. Diese ekelerregende Brühe wurde dem todkranken Kind eingeflößt; es sollte damit gurgeln, war aber schon nicht mehr in der Lage dazu. So ließ man es in Frieden, und das Schorschla starb noch in der Nacht. Die Mutter war untröstlich: »Des ko kanä västeh, wie des is, wenn a Kind sterbt – höchstns deä, wu's selbä mitgämacht hot!«

Als sie aber nach einem halben Jahr merkte, daß sie wieder schwanger war, sagte sie demütig: »Vielleicht hots doch so sei solln, daß äs Schorschla gschtorm ist – etz is im Himml, und etz gehts na gut. Bei uns langt's ja scho so net – sechs Kinnä könnät ich doch gor net ernährn!«

A teurä Rausch

»Früher« – mit diesem Wort fingen alle Geschichten meiner Mutter an. Das war für mich als Kind ein langer, aber unbestimmbarer Zeitraum. »Früher« konnte in grauer Vorzeit oder um Christi Geburt genauso wie in der Kindheit meiner Mutter bedeuten. Die folgende Geschichte spielt auch »früher«, das heißt vor knapp hundert Jahren. Es gibt in unserer Verwandtschaft zwei Versionen davon. Sie erzählen – wieder einmal – von den Folgen eines Rausches. Dabei wäre es falsch zu glauben, die Häcker hätten jede Woche oder gar jeden Tag über den Durst getrunken. Nein, die großen Räusche kamen nur »alla heilicha Zeit« einmal vor und endeten oft so kurios, daß man noch nach Jahr und Tag auf dem Kaulberg sagte: »Waßt net, des woä doch sermol, wu . . .«

. . . der Kunnä und der Simon zuviel erwischt hatten. Sich gegenseitig stützend, so gut es ging, kamen sie spät in der Nacht den Kaulberg herauf, an der Häckermarter vorbei zum Haus vom Kunnä. Der Simon lehnte ihn an sein Tor und schwankte davon. Der Kunnä fand die Tür unverschlossen und torkelte in die geräumige Einfahrt. Sich im Finstern an der Wand entlangtastend, versuchte er, zu seiner Wohnung zu finden. Da plötzlich versperrte ihm etwas den Weg, das sich wie ein fülliger, rundlich ausladender Körper anfühlte. »O je, die Settl is nuch auf!« Vom schlechten Gewissen geplagt, wollte er ihr schöntun: »Ja, Fraa, du bistäs! Gell du host auf miä gäwart?« Keine Antwort. »No, Settl, etz sog doch wos«, und er griff nach ihr. Aber alles, was er hörte, war ein unwilliger Raunzer. »So kost doch mit miä net umgeh«, sagte er aufgebracht und drang auf sie ein. Wieder nur ein böses Brummen. »Herr im Haus bin immä nuch iich«, lallte er, »ausm Weg, sooch i!« Aber die dunkle

Gestalt blieb standhaft stehen. Er versetzte ihr ein paar kräftige Püffe, und jetzt gab sie schrille, wimmernde Laute von sich. »Ja ja, etz greinst«, sagte er wütend, »ober etz is zä spät! Mei eigna Fraa will mich net neilossn.« Oder war es am Ende gar nicht die Settl, die ihm den Weg versperrte, sondern ein fremder Eindringling? Um sich Mut zu machen vor dem Unheimlichen, das ihn plötzlich ankam, brüllte er noch lauter: »Ausm Weg, odä ich hol mein Hecknfetzer und hau di zamm!« Der war aber nicht bei der Hand, und so kämpfte der Kunnä mit Fäusten und Füßen. Endlich stürzte der Feind krachend zu Boden. Aufatmend stieg er über den Besiegten weg, der noch einmal laut aufstöhnte, und fand

Bierfässer vor dem Kaiserwirtskeller am Oberen Kaulberg

schwankend, aber von Stolz geschwellt, endlich sein Bett und seine Ruh.

Am nächsten Morgen gab es ein böses Erwachen. In der Tür stand sein Mieter, der im Orchester des Stadttheaters spielte. Er verlangte aufgebracht Ersatz für seine völlig demolierte Baßgeige. Ausnahmsweise hatte er sie nach der Vorstellung in der Einfahrt stehen lassen.

Was blieb dem Kunnä anderes übrig: Er mußte wohl oder übel zahlen. Und die andere Version, wird jetzt mancher fragen: Also, die möcht' ich lieber persönlich erzählen, am besten unter vier Augen.

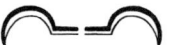

Der Pressack

Die Besitzverhältnisse der Häcker um die Zeit der Jahrhundertwende waren sehr unterschiedlich: Es gab einige wohlhabende, aber bei den meisten war das Bargeld knapp und der Grundbesitz gering. Das lag daran, daß bei Erbteilungen alle Kinder ungefähr gleich entschädigt wurden, entweder mit Grund und Boden oder mit Geld. Im letzten Fall bedeutete das, daß Felder verkauft werden mußten, meist als billige Bauplätze. So wurde der Grundbesitz bei der großen Kinderzahl vieler Häckerfamilien immer geringer.

Warum diese lange Vorrede? Heute ist von einem geizigen Häcker zu erzählen, denn solche gab's auch: Der Michl gehörte – wen wundert's – nicht zu den Ärmeren, sondern zu den Bessergestellten. So wußte man etwa von ihm, daß seine halbwüchsigen Kinder niemals aus seinem Krug einen

Schluck Bier trinken durften. Die Folge davon war, daß sie spätabends durch die Tischreihen im Kaiserwirtskeller streiften und aus den stehengebliebenen Maßkrügen der Gäste die »Naagla«, die Bierreste, austranken.

Auf eben diesen Michl wartete nach Feierabend eine Runde Häcker auf dem Keller, wo sie beim Bier saßen. Sie wußten alle, daß bei ihm vor kurzem geschlachtet worden war, und hofften auf ein Stück Gredlfleisch, eine Rotwurst oder

Kaiserwirtskeller um 1935

einen hausgemachten Preßsack. Aber sie hatten sich verspekuliert. Keine Rede von einer Brotzeit! Auf ihre Fragen, wie denn die Schlachtpartie gewesen sei, gab der Michl nur einsilbige Antworten. Als sie stichelten: »Gell, die Sau wor recht klaa?« zuckte er nur mit den Achseln. Aber der Simon, der neben ihm saß, merkte, daß der Michl oft heimlich in seine Joppentasche langte, in der ein Stück roter Preßsack steckte, ein Bröcklein davon abbrach und es verstohlen zum Mund führte, bevor er einen Schluck aus dem Maßkrug nahm. Weil er auch im Trinken sparsam war, dauerte es eine ganze Weile, bis er zum Austreten aufstand. Der Simon erzählte den anderen von seiner Beobachtung, und alle waren sich einig, daß der Geizkragen einen Denkzettel verdiente. Aber wie? Der Simon konnte gerade noch sagen: »Ich glaab, miä fällt wos ei«, als der Michl schon zurückkam und sich umständlich wieder auf die Bank setzte. Dabei merkte er aber nicht, wie ihm der Simon den Preßsack geschickt aus der Tasche zog.

Nach einer Weile tastet der Michl wieder in seiner Joppentasche, um sich ein Stückchen zu genehmigen, aber da ist kein Preßsack mehr, und auch die andere Tasche ist leer. »Wu is mei Preßsock?« schreit er zornig und vergißt jede Vorsicht. Die anderen Häcker tun erstaunt: »Wos, an Preßsock host ghobt? Wu denn? Miä hom kan gsähng!« »Jawoll, in meinä Taschn wor ä, ihr Lumpn hobt na gänumma!« Er zittert vor Wut, springt auf und will sein Eigentum suchen. »Wos willst denn«, sagt da der Simon seelenruhig, »do is ä ja, dei Preßsock! Host dich scheints draufghöckt – o dein Orsch pappt ä, do konnst na ookratzn!«

Krippenfigur aus der Hochzeit zu Kana in der Oberen Pfarre mit dem Bamberger Marktangebot samt Keesköhl

Der Keesköhl

Wer zarte Geruchsnerven hat und auch sonst empfindlich ist, sei hiermit gewarnt: Sie oder er sollte diese Geschichte lieber nicht lesen. Aber die alten Häcker waren halt in der Wahl ihrer Mittel nicht zimperlich, wenn es galt, jemandem einen Denkzettel zu verpassen.

Saßen da wieder einmal nach Feierabend ein paar Häcker im Kaiserwirt beim Bier. Der Schorsch führte das große Wort und konnte gar nicht genug hervorheben, was er heuer für einen »Mordstrümmer Keesköhl« gezogen habe. »So groß is ä und doch zoät und die Rösla so schöö weiß – wie gämolt! So an gibt's nimmä in Bamberch, net amol bei die Gärtnä draußn!«

Die anderen Häcker hatten auch schönen Blumenkohl, aber es war nicht ihre Art, das so herauszustreichen. Ein anderes Thema ins Gespräch zu bringen, war freilich unmöglich – immer wieder fing der Schorsch von seinem Keesköhl an, und bei jeder »Moos« wurden der Blumenkohl größer und die Röschen weißer. »Välleicht brengst äs zägoä nuch fertich, daß eä stott noch Kees noch echte Rosn riecht?« stichelte sein Nachbar. Der Schorsch merkte den Spott nicht und gab im Laufe des Abends sogar sein Geheimnis preis: Neben seiner Tüchtigkeit liege es wohl daran, daß er seinen Blumenkohl zubinde, deswegen wäre er gar so schön. »Ja, so an Keesköhl brengt ihä net zäwech! Wenn ich mein etz nuch an odä zwaa Tooch steh loß, donn is ä richtich, donn zeich ich euch a poä Exemplarä, daß ihä amol in euän Lebn an richtich schöna Keesköhl sächt!«

Diese »Großtunerei« und ein paar Maß machten den Kunnä fuchtig. Er knurrte: »Auf dein Keesköhl ist gäpfiffn!« Dabei schaute er den Simon an, und beide hatten die gleiche Idee. Sie zahlten und standen als erste auf. Draußen brauchte es nur eine kurze Absprache, und die zwei lenkten ihre Schritte nicht wie sonst heimwärts ins eheliche Bett, sondern zum Feld vom Schorsch an der Buger Straße. Da sahen sie den hochgerühmten Keesköhl im Mondschein stehen. Sie banden, ihre Möglichkeiten abschätzend, die am nächsten stehenden größten und schönsten Häupter auf, lösten mit einem gekonnten Schnitt des Taschenmessers die Köpfe aus den Blättern und trafen sofort Anstalten, die Höhlungen wieder zu füllen, vergaßen schließlich auch nicht, die grünen Blätter sorgfältig wieder zuzubinden.

»Vor allä Ärbet« inspizierte am nächsten Morgen der Schorsch seinen Keesköhl, weiße Röschen zur Augenweide sozusagen. Da hätte ihn allerdings beinah der Schlag getroffen. »Scheißdreeg!!!« schrie er wütend – und damit ist hier auch wirklich alles gesagt.

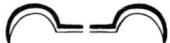

Saura Brüh

Der Lenz und der Simon waren zu einer Hochzeit bei verwandten Häckern eingeladen. Das war was: ein Tag ohne schwere Arbeit und als Hauptsache das gute Essen. Dazu war ihre Einstellung allerdings verschieden: Beim Lenz zählte die Menge, beim Simon die Qualität, da war er eigen. Gier und Freßsucht waren ihm von Grund auf zuwider. Beim Trinken konnte er – im Gegensatz zum Lenz – viel vertragen.

Die Hochzeit fand natürlich daheim im Häckerhaus statt. Brauteltern, die etwas auf sich hielten und nicht ausgemacht werden wollten, mußten die ganze traditionell festgelegte

Speisenfolge anbieten: Nach der Trauung gab es Bratwürste und Kraut, zu Mittag Rindfleischsuppe mit Leber- und Markklößchen, als zweite Vorspeise »Kree« und Rindfleisch. Zum Hauptgericht trugen die jungen Mädchen aus der Verwandtschaft und Freundschaft »Servett-Klöße« auf, locker und zitternd von vielen Eiern, verschiedene Braten, Blaukraut und »Zälot«. Diesmal wurde, man schrieb das Jahr 1910, auf Wunsch der Braut, ganz neumodisch vom Konditor »Gefrorenes« gebracht, wie das Speiseeis damals hieß.

Geredet wurde nicht viel beim Essen – dazu war man zu sehr beschäftigt, denn »wie mä ißt, so ärbet mä«! Bald war es Zeit für Kaffee und Krapfen. An Torten dachte damals kein Mensch, man freute sich über die großen Streusel- und Käskuchen vom Blech. Die Krönung des Ganzen war der Gesundheitskuchen mit Vanillezucker und Weinbeeren drin. – Auf dieser Hochzeit war der Streuselkuchen recht hart. Entweder hatte die Hausfrau an Butter gespart, oder er war schon zu alt. Er taugte höchstens zum Eintauchen oder Einbrocken, und so blieb viel davon übrig. In der Küche fingen schon die Vorbereitungen zum Abendessen an, als ein lauter Schlag zu hören war. »O je, do is a schwers Schneidbrett nuntergfalln«, meinten die Gäste. »Ich maa, des wor der Streuslkuung«, sagte der Simon trocken und hatte die Lacher auf seiner Seite.

Zum Abendessen gab es keine kalten Platten oder gar ein kaltes Büfett, sondern Sauerbraten und Klöße. Da war der Lenz in seinem Element. »Saura Brüh is mei Lebn«, sagte er jedesmal, wenn er seinen Teller auffüllte, und das war oft. Er animierte auch den Simon zum Weiteressen, aber der hatte schon bald genug. Er dachte im Stillen an das saure Hasenjung mit der sämigen, hellbraunen Buttersoße, das seine Kuni an Weihnachten zu kochen pflegte. Kein Ver-

Häckerbrautpaar um 1900

gleich zu diesem Mehlpapp! Der Lenz dagegen aß buchstäblich, bis nichts mehr da war, und schwemmte alles mit viel Bier hinunter. So konnte er schließlich nur noch lallen: »Saura Brüh ...« Da nahm der Simon seinen eigenen Teller, auf dem noch ein Rest brauner Soße war, und schüttete sie dem Lenz vorne ins Hemd: »Daß d' gänuch kriegst, Saurä-Brüh-Lenz!« Zwei Häcker hatten zu tun, den Lenz heimzuschleppen. Mit Hilfe seiner Frau gelangte er schließlich ins Bett und schlief sofort in voller Montur ein.

Als er am nächsten Tag mit »Haarweh« aufwacht, kann er sich an nichts mehr erinnern. Starr vor Schreck entdeckt er vorn auf seiner weißen Hemdbrust einen großen, braunen Fleck. »Ja, wie geht denn des zu«, sagt er fassungslos. »Ich muß doch nimmä normal sei! Daß ich hintn in mei Hemmäd gschissn hob, des kummt scho amol vor, obä wie deä Dreeg do vorn neikummt, des waaß Gott!« – Der Simon wußte es auch.

Die Bräutigamschau

Unter einer Brautschau, auch wenn sie aus der Mode gekommen ist, kann sich jeder etwas vorstellen; es gibt ja auch viele Geschichten und Anekdoten zu diesem Thema. Eine »Bräutigamschau« dagegen dürfte eher Seltenheitswert haben. Ich habe als junges Mädchen selbst eine miterlebt, nämlich die meiner Tant' Babett.

Die Babett war die dritte von vier Töchtern eines Bamberger Häckers. Als junges Mädchen war sie den Männern gegenüber spröde und zurückhaltend, und selten ging sie zu Bällen oder Kerwatänzen mit, während ihre Schwestern eifrige Tänzerinnen waren. Sie soll immer hochrot geworden sein, wenn jemand sie aufforderte, und blieb es auch während des Tanzens. Die Babett hatte aber auch einen ausgeprägten Willen und das überaus cholerische Temperament ihres Vaters. Es ging das Gerücht, der Bruder des Tierarztes, bei dem sie in Stellung war, hätte ihr wohl gefallen, aber der merkte es nicht oder wollte es nicht merken. Den »Viechdoktä« selbst hätte sie haben können, aber der war sehr häßlich und ungepflegt, »halt a kreuzdollä Kärl« – den wollte sie nicht.

So vergingen die Jahre, und der Gemüseladen der Mutter ging allmählich in Babetts Hände über. Sie wurde eine tüchtige Geschäftsfrau und versorgte ihre kränkelnde Mutter aufs beste, daneben war sie eine gute Köchin. Mitte Dreißig war sie mit ihren schönen roten Backen ein »strammes, sauberes Weibsbild«. Mancher gestandene Witwer machte ihr einen Heiratsantrag, aber Babett wollte keinen alten Mann – und die zweite Frau sein schon gar nicht. Die Familie war sich einig: Die Babett bleibt ledig, geachtet als Patin und Erbtant', und versorgt ihre Mutter. Deshalb wurde ihr auch das Elternhaus überschrieben.

Aber irgend etwas muß es doch auf sich haben mit dem 40. Geburtstag. Als es immer näher auf ihn zuging, war die Babett wie ausgewechselt: Warum sollte von allen Geschwistern ausgerechnet sie nicht heiraten? Die Mutter gab ihr recht, und ihre älteste Schwester sah auch schon bald eine Möglichkeit: Ein junger Bauer, der öfter zu ihr kam, hatte außer Butter und Eiern noch etwas anderes anzubieten, nämlich einen von seinen zwei unverheirateten Brüdern. Der »Bapist« wäre zwar etwas jünger als die Babett, aber der Schönste in der Familie. Ein baldiger Besuch wurde ausgemacht, aber wer nicht kam, war der Bapist. Obwohl sie ihn nicht kannte, hatte die Babett Feuer gefangen. Lediglich ein altes Foto war zu ihr gelangt. Darauf schaute Bapist unter einem auffallend hoch gekämmten Haarschopf aus leicht eingeschwollenen, ausdruckslosen Augen den Betrachter an.

Die Babett war nicht wiederzuerkennen: Verflogen waren Sprödigkeit und Scheu, und energisch mobilisierte sie die Familie – vor allem meinen Vater, ihren Schwager, der seit kurzem ein Auto besaß. So machten wir uns an einem Sonntagnachmittag alle auf: die Tant' Babett, die Großmutter, Schwester und Schwager mit mir und meinem kleinen Bruder, und in einem zweiten Auto der Schwager des Schwagers samt Frau, der Onkel Adam mit der Tant' Dora, die sich diese einmalige Gelegenheit einer Bräutigamschau nicht entgehen lassen wollten. Zweimal übersahen wir den windschiefen, verwitterten Wegweiser, der uns auf steinigen, holprigen Feldwegen in das kleine Juradorf wies – eigentlich nur eine Handvoll Häuser, die an einem Bergbuckel lagen. Eine Schar Kinder starrte staunend auf die Autos, als ob sie noch nie welche gesehen hätte, zeigte uns dann aber das gesuchte Anwesen. Es war eines von den stattlicheren – nicht zu übersehen war der große Misthaufen vor der Tür. Nachdem sich auf unser »Hallo – is kaans do?« niemand gerührt hatte, schickte die Babett ihren Schwager voraus in die Stube. Dort saß auf einem Kanapee eine alte Frau mit einem Kopftuch und las in ihrem Gebetbuch. Wir kämen aus Bamberg, sagte er, und ob denn der Sohn nicht da wäre, sie wisse schon welcher. »Naa, is kanä do.« Ratlos standen wir in der Stube herum. Aber dem Bapist, setzte er wieder an, wäre doch ausgerichtet worden, daß wir kämen. »A sua, deä is beim Wirt näm«, war die Antwort. Ob sie ihm nicht Bescheid sagen könne und wir uns so lange setzen dürften. Sie konnte nicht, weil sie mühsam an zwei Stöcken gehen mußte. Aber schließlich wurde eins der Kinder geschickt, die mit langen Hälsen neugierig durch die Fenster guckten. Wir saßen auf der Ofenbank, und die Erwachsenen bemühten sich um ein Gespräch, zu dem die alte Mutter höchstens ab und zu ein »A sua« beisteuerte. Langsam verging die Zeit. Man schickte ein zweites Kind dem ersten nach, das auch sogleich wiederkam und vermeldete, der Bapist wäre schon da, habe noch keine Zeit, komme aber bald. Nach einer weiteren halben Stunde stand mein Vater auf, um in der Wirtschaft nachzuschauen, warum der Bapist keine Zeit habe, der Onkel schloß sich ihm nur zu gerne an. Auch dem Fritzla wurde es langweilig. Er durfte schließlich zum Spielen hinausgehen, wurde aber ermahnt, nicht in die Mistgrube zu fallen.

Als fast zwei Stunden vergangen waren, kam der Bauer und Vater von einer Wallfahrt nach Vierzehnheiligen zurück. Er begrüßte uns freundlich und nicht ungewandt und stellte eigenhändig Bier und Brotzeit auf den Tisch. Bald brachte er das Gespräch auf das Religiöse, worin er lebte und webte, und die Großmutter und Babett konnten so richtig schön mithalten. Der Vater gefiel ihnen wohl, aber wo blieb der Bapist? Warum kam er nicht? Endlich kehrten mein Vater und der Onkel zurück. Sie berichteten belustigt, daß der Bapist in der Wirtschaft Haare schneide, und das könne noch dauern. Ja, meinte der Bauer stolz, sein Sohn habe einen Winter lang bei einem Friseur und einen anderen bei einem Schuster gearbeitet, keine Lehre, bloß um sich etwas abzugucken. Vater und Onkel – beide Handwerksmeister – blinzelten sich verständnisinnig zu, drängten dann aber doch zum Aufbruch. Jetzt wurde es selbst Bapists langmütigem Vater zu viel. »Des ko mä doch net machn, wenn die Leut extra aus der Stodt kümma!« und holte seinen Sohn höchstpersönlich. Mit offenem Mund stand Bapist in der Stubentür und schaute uns an. Wenn die Babett auf eine Begrüßung oder gar eine Entschuldigung gehofft hatte, wurde sie enttäuscht. Weitab von ihr setzte er sich auf die Bank und warf nur ab und zu einen Satz in das Gespräch, der so viel Unverstand verriet, daß sich meine Eltern das Lachen mühsam verbeißen mußten. Es wurde registriert, daß der Bapist beim Verabschieden der Babett weder die Hand gab, noch sie zum Auto begleitete.

Auf der Heimfahrt machte meine Mutter ihrem Ärger über so einen Hollämöffl vor der Tante ganz unverhohlen Luft, weil sie diese ihrer Meinung glaubte. »Aber so schöne Locken hat er halt«, meinte die Großmutter versonnen. Erledigt, dachten meine Eltern, das ist doch keine Partie für die Babett!

Einige Wochen später teilte die Tant' Babett unserer Familie offiziell mit, daß sie im Mai heiraten werde. »Ja, wen denn?« fragte meine Mutter verblüfft. Die Babett wurde rot und sagte verschämt: »No, den Bapist!«

Häckerbrautpaar um 1920

Allähand Stückla vom Bapist

Nur ein einziges Mal vor der Hochzeit hat die Babett den Bapist noch gesehen. Kurz nach Dreikönig 1939 ist er »auf Bamberch rei ganga«, zuerst zu Fuß und »vo Schäätz ob mitn Boggäla«. Die Mutter der Braut hatte extra ein Fläschchen Punsch von Silvester her für ihn aufgehoben, den die Babett ihm aufgewärmt vorsetzte. Er aß zwar dann den Plätzchenteller leer, aber zum Trinken mußten ihn die Frauen immer wieder auffordern – was aber einen durchaus positiven Eindruck auf sie machte. Der Grund für sein zögerliches Trinken kam erst nach einem Jahr ans Tageslicht, als der Bapist an Silvester sagte: »Wos, an Bunsch wolltä machn? Na na, su a krachsauäs Zeuch braung mä net. Schod fürs Geld!« Aber die Frauen setzten sich durch und hielten die Tradition aufrecht. Nach langem Zureden probierte der Bapist endlich und war begeistert: »Ja, su an Bunsch loß ich mich eigeh, des is ja wie hunnärd und aans im Vägleich zu vorchs Joä!« Kurz und gut, der zu lange aufgehobene Punsch im Vorjahr war sauer geworden, und die Babett hatte ihn vorher nicht einmal versucht, um ihn ganz und ungeteilt dem Bräutigam zukommen zu lassen.

Durch die Heirat war der Bapist nun sowohl frischgebackener Ehemann als auch Gemüsehändler. Ein paar Anfangsschwierigkeiten hatte die Babett schon kommen sehen, doch es wollte und wollte sich nicht einspielen. Tag für Tag standen die Hausfrauen, auf das frische Gemüse wartend, im Laden – aber der Bapist kam nicht, obwohl eigens ein »Dreirad« angeschafft worden war. »Wie ich mit meim Hondwogn naus die Gärtnä ganga bin, woä ich um halbä neuna spätästens daham«, eiferte die Babett, »wie gibts dänn des, daß mä mitn Auto so long braucht?« Ihr Mann erzählte was von Gärtnern, die noch nicht vom Feld zurückgewesen seien – aber Nachbarinnen hatten ihn lange auf dem Markt stehen sehen, wo er mit offenem Mund erstaunt das Marktgetriebe der »Großstadt« Bamberg beobachtet hatte. Trotzdem lernte er nicht, seine Waren richtig einzukaufen und anzupreisen. So fragte ihn die Babett – der Laden war voller Kunden –, ob er auch Sellerie mitgebracht habe. »Ja, ja, draußn im Auto hob i scho so a weng Gälump!« Diese Bezeichnung war durchaus zutreffend. Doch als ihn seine

Gärtnerfamilie mit Leiterwagen um 1910

Frau unter vier Augen zornbebend zur Rede stellte: »Wo kafst denn immä so an Dreeg, wu mä die Hälft wechschmeißn muß?« entgegnete der Bapist gleichmütig: »Geh zu, des schneid i heut nochmiddooch aus.« Dieses Ausputzen war nämlich seine Lieblingsbeschäftigung. »Und den Obfoll kriechd donn dä Lortzä – für den sei Küh muß mä doch a wos hobn!«

Auch am Gründonnerstag, wo in jedem Haushalt auf dem Kaulberg Spinat auf den Tisch kam, wartete die Babett verzweifelt auf ihren Einkäufer. »Werd ä denn an schön Benät mitbringa? Och, wu bläbt ä denn ner!« Auch die Hausfrauen wurden ungeduldig. Endlich kam das Dreirad angeschnauft, und der Bapist trug die Körbe herein, dabei versetzte ihm die Babett heimlich ein paar Knüffe und Püffe. Doch dann beherrschte sie sich mühsam und fragte: »Wie müssn mä denn heut des Pfund Spinat väkaafn?« »No ja, Fraa«, antwortete der Bapist seelenruhig vor allen Kunden, »um fuchzich Pfennich hob i's kaft, um ochzich derfst äs scho väkaafn, dreißich Brozend müß mä scho dro hom!« Nach so einem anstrengenden Tagwerk genoß er es, abends im altehrwürdigen Lehnsessel zu sitzen und vor sich hinzustarren, auch wenn der Regulator über ihm schon zehn geschlagen hatte. Zweimal hatte die Babett schon gerufen: »Geh nein Bett, Bapist!« Bei der dritten, schon recht scharfen Mahnung antwortete er ganz gelassen: »Loß mi halt nuch a bißla im Sessl sitzn und ausruha, im Bett schlof i doch immä gleich ei!«

Die Hamsterfahrt

Im Mai 1939 hatte der Bapist, der aus einem kleinen Juradorf stammte, auf dem Kaulberg »eigheiät«. Als im Kriegsjahr 1941 die Lebensmittel knapper wurden, beschloß der Bapist im Spätherbst, wieder einmal in sein Heimatdörfchen zu fahren, um etwas Eßbares zu besorgen. Dafür würde sein Benzingutschein gerade noch ausreichen. Für »alla Fäll« nahm er seinen angeheirateten Neffen Otto auf dem Sozius seiner »Zündabb« mit. Sehr groß war der Überfluß an Lebensmitteln in dem abgelegenen Ort zwar nicht, aber was sie hatten, gaben ihm die Eltern gern: Eiä, gäräuchäta Wörscht, a Trumm Flaasch, an Laab Brot und Nüss, die im Backofen getrocknet worden waren. Äpfel und Birnen gab es zentnerweise, und um die nach Bamberg zu schaffen, lieh sich der Bapist einen Anhänger aus, den er mit einer alten Kuhkette an seinem Motorrad befestigte – fachmännisch, wie er glaubte. Die Hauptsache aber waren zwei Gänse, die als Weihnachtsbraten daheim »g'schobbt« werden sollten.

Im Dorf selbst wurde er als Städter gehörig angestaunt, und er erfuhr gleich alle Neuigkeiten dieser kleinen Welt. »Und denk dä nä, die Marri hot Zwilling griecht, des hots doch bei uns nuch nie gääm!« Die mußte sich der Bapist natürlich gleich anschauen und war hin- und hergerissen. Einerseits hatte er die seltsame Vorstellung, daß da irgendwie zwei Männer im Spiel gewesen sein müßten – andererseits war die Marri doch eine brave Frau, und die Bobbäla sahen sich gar so ähnlich. »Also«, klärte er anschließend den Otto auf, »des hältst net füä möglich, wie die sich gleichsähng, wennst den an ooschaust, maanst es is dä andä!«

Im Schutz der Dunkelheit wollten die zwei dann das Gehamsterte nach Bamberg heimbringen, einschließlich der Gänse im Rucksack, den der Otto aufhuckeln mußte. Also

Motorradfahrer um 1930

knatterten sie los, aber kaum waren sie ein Stück den Berg hinuntergefahren, als die Motorradlampe ausging. »Sakra, sakra, wenn des die Bolizei merkt!« Der Bapist hielt und versuchte, sie zu reparieren, als er auf der Straße einen dunklen Gegenstand entdeckte. Er hob ihn auf und sagte mit einer gewissen Schadenfreude: »Guck heä, do hot aanä sein Fußrastä välorn!« Er holte aus und warf ihn mit weitem Schwung in die nächste Wiese. Als er das Licht notdürftig instand gesetzt hatte und wieder aufsteigen wollte, merkte er ... »Sakramich, des woä ja meinä!« Zu zweit krochen die Hamsterer in der taunassen Wiese herum, bis sie das wichtige Stück im Dunkeln endlich fanden.

Kurz vor Schäätz machte das Motorrad plötzlich einen heftigen Ruck, so daß es die beiden um ein Haar heruntergeschleudert hätte. Der Anhänger hatte sich losgerissen und polterte in den Graben. Nachdem sie ihn wieder beladen und provisorisch befestigt hatten, fuhren sie im Leerlauf in das vorschriftsmäßig verdunkelte Städtchen. Als zwei Männer mit Taschenlampen daherkamen, hielt sie der Bapist kurzerhand an. »Och, Hä Nochbä, könntä mä net a weng leuchtn, daß i mein Ohängä widdä festmachn ko! Deä Freggä hot sich losgärissn!« Zu spät merkte er, daß er an eine Polizeistreife geraten war. Der Otto bibberte, daß sie die Gäns' im Rucksack entdecken würde. Hamstern war ja verboten und wurde streng bestraft, dazu die Ware beschlagnahmt, ade Weihnachtsbraten! Aber entweder merkten die Polizisten nichts, oder sie wollten nichts merken – jedenfalls hatte der Bapist wie immer Glück, und sie wünschten ihm sogar noch »Gute Fahrt«.

Aber – die Hamsterer waren noch nicht daheim, und wie sie in Bamberg über die Obere Brücke fuhren, wurden plötzlich die Gänse im Rucksack rebellisch. Sie versuchten, mit den Flügeln zu schlagen, und fingen an, laut zu schnattern, ausgerechnet im Torbogen des Alten Rathauses, wo damals die Polizeiwache stationiert war. Sie taten das sicher nicht, um die Gesetzeshüter aufmerksam zu machen, wie im alten Rom die capitolinischen Gänse, sondern weil sie sich erleichtert hatten. Der Otto, dem es ohnehin heiß und kalt wurde, spürte, wie ihm auch noch etwas Warmes den Rücken hinunterlief: Gänsdreeg!

Doch ungeschoren, mit mehr Glück als Verstand, kam der Bapist mit seiner Zündapp auf dem Kaulberg an, wo die Babett schon aufgeregt wartete. Die Gänse steckte sie gleich in den Stall und teile dann die anderen Schätze gerecht auf, denn jeder aus der Verwandtschaft sollte etwas davon haben. Der Otto bekam »nuch a halbs dörs Läbäwörschtla als Zugob«. Das war 1941 »scho wos« – doch noch heute, wenn er von dieser Hamsterfahrt erzählt, entrüstet sich der Otto: »Wenn i denk, wos i o dem Tooch mitm Bapist alläs ausgschtandn hob, hätt mä die Tant' Babett ruhich a ganz Wörschtla gebn könna!«

Des Fritzla

Heutzutage, wo es fast sichere Prognosen über das Geschlecht eines Babys gibt, kann man sich die Spannung kaum mehr vorstellen, die damals – Mitte der dreißiger Jahre – in einem Häckerhaus am Kaulberg herrschte: Werd's a Bu odä a Maadla? Eigentlich hätte ja schon das erste Kind ein Stammhalter sein sollen, aber dann war's – a Rettäla. Inzwischen war sie vier Jahre alt und bestimmt die einzige, die sich ein Mädchen wünschte, zum Spielen halt.

In diesen Wochen sagten alle Leute zu ihr: »Wennst a Schwesterla willst, mußt a Zuckerstückla zum Fenstä nausleeng, fürn Storch!« Aber die Rettl hatte nur einen Rahmbonbon bei der Hand. Als dann mit Hilfe einer Hebamme ein kräftiger Bub im Haus geboren wurde, war die Freude groß. Die Rettl war zuerst überhaupt nicht einverstanden, aber dann wurde ihr klar, daß sie ja selber schuld war an dem Buben – und natürlich der Rahmbonbon! Wenn es ein Zuckerstückchen gewesen wäre, dann ...

Acht Tage später gab es eine große Taufe. Pate war der Großvater Friedrich, und das Kind mußte unbedingt den gleichen Namen bekommen, do hot's domols kan Backäs geem! Für alle Gäste wurden Kerzendreier zum Anstecken aus Markstücken und himmelblauen Bändchen gebunden. Die Rettl durfte für die Kinder auf der Straße Geld auswerfen: Pfennigstückla, Fünferla und Zehnerla und dazwischen

Vier Generationen der Häckerfamilie Herrmann um 1935

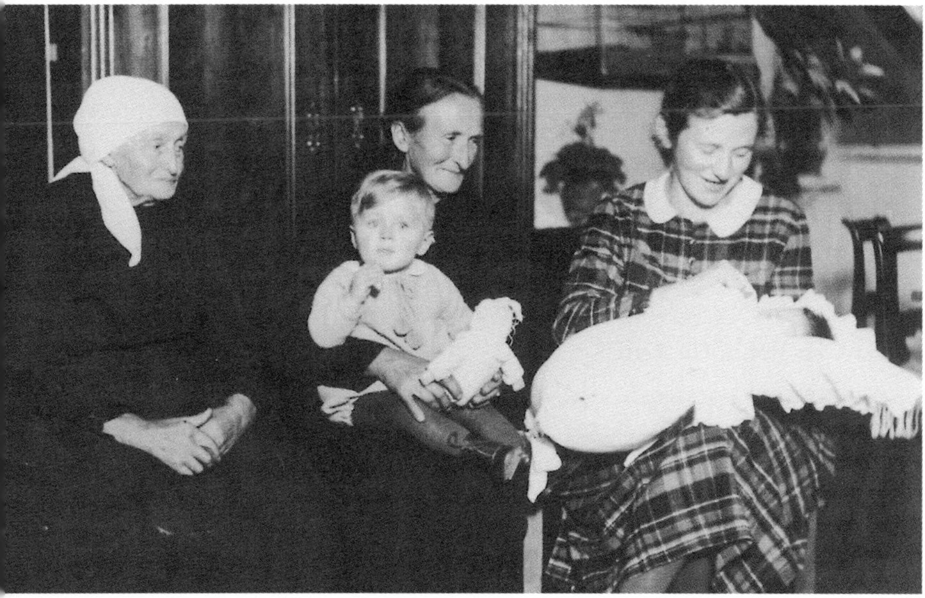

sogar ein paar Fuchzgerla. Das war ein Geschrei, ein Fangen und Grapschen vor dem Haus! Ein Großteil des Geldes fiel zwar in den Kanal, aber das holten sich die großen Buben am Abend schon, nachdem sie den Kanaldeckel herausgehoben hatten.

Der Großvater kümmerte sich rührend um sein Boodla. Wenn es schrie, trug er es im Wickelkissen herum und – vorausgesetzt, es war außer dem Rettäla niemand in der Küche – sang ihm sogar etwas vor. Das war erstaunlich, denn außer in der Kirche hatte ihn nie jemand singen hören. Der Schwiegertochter wäre es fast lieber gewesen, er hätte das Kind nicht »gewartet«, denn das schneeweiße »Wickelküß« war jedesmal ganz schwarz und dreckig von der Arbeitsmontur des Großvaters. Aber sie hat es ihm nie beredet, denn das kam Schwiegertöchtern damals nicht zu!

Des Fritzla hat sich gut gemacht und lernte bald laufen. Eine Nachbarin, die Dorl, fühlte sich als »Kinnäfraa«, fuhr ihn spazieren und sorgte dafür, daß er bald sauber wurde. »Schnell, schnell, Nachbara«, rief sie, »ich glaab, er muß wisseln!« Weil das Töpfchen aber nicht bei der Hand war, mußte der Fegeimer herhalten, und das Bübchen machte brav hinein. »Ka Tropfn in dä Windl«, lobte die Mutter, »geh nä heä, mei Schnörla!« Und zärtlich zog sie den Kleinen an sich. Das Rettäla, das gerne auch ein wenig gedrückt worden wäre, fragte schüchtern: »Obä ich bin doch aa dei Schnörla?« »Naa, bästimmt net!« »Worum denn net?« »Walst ka Schnörla host!«

Auch reden konnte des Fritzla bald, und wenn am Abend beim Läuten der »Engel des Herrn» gebetet wurde, stellte er sich brav zu den Großen und versuchte mitzutun. Niemand wußte, wie weit er die Gebete konnte. Aber einmal sagte er zum Schluß: »Miä hom wos vägessn, für die arma Seeln im Feglumpn müssn mä aa nuch betn!«

Nuch wos vom Fritzla

Bald war es nicht mehr zu übersehen, daß des Fritzla, der Enkel eines Kaulberger und der Urenkel eines Altenburger Häckers, deren typische Eigenschaften geerbt hatte, als da sind: Gelassenheit und Durchhaltevermögen in schwierigen Situationen, treffender Mutterwitz, aber auch aufbrausender Jähzorn. Das zeigte sich schon, noch bevor er vier Jahre alt wurde.

In der Zeit kurz vor dem Zweiten Weltkrieg ging der Fritz jeden Tag zwischen neun und zehn Uhr in der Früh zu seinem Onkel, einem Handwerksmeister, um mit ihm Brotzeit zu machen. Da gab's jeden Tag etwas Gutes, und dem Buben lief schon unterwegs das Wasser im Mund zusammen: heiße Knoblauchwurst mit Salzstangen oder weißen und roten Bauernpreßsack, auch einmal einen Brathering.

Eines Tages wollte sich der Onkel einen Spaß machen und sagte zu seinem kleinen Mitesser: »Also, Mastä, scho rächt, daß d' immä mit miä Brotzeit mechst – obä gel, wos ich eß, des ißt du aa.« Des Fritzla nickte bereitwillig. Da schob ihm sein Vorbild ein Stück Brot hin, dick voll mit frischen, geschnittenen Zwiebeln und noch tüchtig Salz und Pfeffer drauf. »Brudä«, hat der Onkel später erzählt, »der hot välleicht gäwörcht und gschluckt. Obä wenn na aa es Wasser aus die Aang geloffn is, er hot net geruht, bis druntn wor!«

Von der Werkstatt des Onkels her rührte sicher auch der sehnliche Wunsch des Fritz nach einem echten Hammer. Damit er aber nicht alles mögliche im Haushalt zerschlug, bekam er schließlich einen kleinen Holzhammer. Seine Schwester, die Rettl, vier Jahre älter als er, war seiner Ansicht nach zu intensiv mit ihren Puppen beschäftigt, ließ ihn nicht mitspielen und beachtete ihn überhaupt nicht. Das reizte ihn so, daß er mit einem gezielten Schlag des Holzhammers ihrer Lieblingspuppe den Kopf einschlug – ausgerechnet der Hannelore mit den Schlafaugen!

Die Rettl war untröstlich und ganz verstört über den nun sichtbaren Mechanismus von Drähten und Glasaugen. Weil die Mutter den Jammer nicht mehr mit ansehen konnte, bekam Hannelore in der Puppenklinik einen neuen Kopf. Der war fast noch hübscher als der vorherige. Das hat dem Fritz arg imponiert. Eines Tages pflanzte er sich vor dem Nachbarn auf, der alles andere als eine Schönheit war, dazu noch eine große Glatze und einen Sprachfehler hatte, fixierte ihn kritisch und erklärte: »Nachbä, ich maan, du müssäst diä amol an neua Kopf machn lossn!«

Obwohl der Fritz nach dem »Puppenkindermord« mit »orcha Hieb« bestraft worden war, entwickelte er doch keine Komplexe in bezug auf Ehe und Familie. Seine Vorstellungen davon waren ebenso klar wie konservativ. Das zeigte sich bei verschiedenen Gelegenheiten.

Ab und zu durften Rettl und Fritz zum Spielen in den Nachbargarten. Das war schon etwas Besonderes, daß die zwölfjährige Adelheid mit der Rettl und dem erst vierjährigen Fritz spielen wollte. Ihre Mutter hob dann die beiden Kinder über den Zaun. Und was wurde gespielt? Natürlich »Vaterles und Mutterles«.

Der Fritz sollte den Vater spielen, aber offensichtlich behagte ihm das Matriarchat, wie es Adelheid vorschwebte, überhaupt nicht. Wie kann auch eine Ehe, in der die Frau dreimal so alt ist wie der Mann, gut gehen? Fritz ließ sich nicht unterdrücken und stellte den ganzen Puppenhaushalt auf den Kopf. Die Folge war, daß er das nächste Mal nicht mehr zum Spielen mitdurfte.

Das traf ihn tief. Er stand am Zaun und weinte laut. »Und wenn sie etz an Voddä braung«, schluchzte er, »donn hom sie kan!!« Aber plötzlich kam ihm ein Gedanke. Energisch wischte er die Tränen und den Rotz ab und sagte triumphierend: »Obä wenn sie nächstens mol kumma und an Voddä braung, donn könna sie long wartn – ich mach na net!«

Besser lief das Spiel mit der Rosi, einer gleichaltrigen Freundin der Rettl. Das dunkelhaarige, zierliche Mädchen mit den lustigen Einfällen gefiel dem Fritz so gut, daß er immer einwilligte, der Vater zu werden, wenn sie die Mutter war. Freiwillig begleitete er sie mit seinem hölzernen Roller bei ihren Ausfahrten mit dem Puppenwagen. Ganz hingerissen, erklärte er ihr einmal: »Und waßt, Rosi, wenn miä amol groß sen, donn müssn miä aa väheiät sei!« Die achtjährige Schöne warf den Kopf zurück und sagte schnippisch: »Wenn ich donn obä nimmä mooch?« »Des geht net«, entrüstete sich der Fritz, »wenn mä oogfangt hot zu heiän, muß mä weitäheiän!«

Spielende Kinder vor dem ehemaligen Häckeranwesen Schilling am Fuß der Altenburger Straße

Des grünseidäna Untähösla

Die alten Häcker hatten viele Kinder, und sie liebten sie auch – doch konnten sie ihre Zuneigung nur schwer zeigen. Küsse und Liebkosungen zwischen Eltern und Kindern waren unbekannt. Die Säuglinge und Kleinkinder wurden zwar mit Kosenamen bedacht, die drollig und liebevoll zugleich klangen, aber sie stammten alle aus dem Tierreich: Mei Bätzäla, mei Hammäla, mei Mockäla, Schneckla, Mäusla, Rätzla, Zibäla – oder auch bei voller Windel: och mei Suckäla, mei Scheißäla!

Ich wurde schon öfter gefragt, ob es unter den Kaulberger Geschichten nicht auch solche mit Erotik geben würde »und so Zeuch, waßt scho!«

Ja, des woä a haaklichs Thema!

Sprachlich unterdrückten und umgingen es die Häcker so gut wie möglich. Selbst bei Gebeten suchte man das, was einem »unanständig« vorkam, auszusparen. Da gab es ein Gebet, das in älteren Zeiten noch ganz unbefangen und natürlich gesprochen wurde, aber dem Schicklichkeitsgefühl der Zeit um die Jahrhundertwende nicht entsprach. So erzählte mir die Anna, daß ihre Großmutter sie dieses Gebet gelehrt hätte, von dem sie lange überhaupt nicht wußte, was es bedeutete, obwohl sie es jeden Abend sprechen mußte: »Selig der Leib, der dich getragen, und die Brrrst, an der du g'zong hast!«

In diesem Zusammenhang erzählte die Anna auch gern von einer Operettenaufführung im Bamberger Theater, die sie mit ihren Freundinnen besuchte. Unter ihnen war auch die Lina, eine besonders »saubere« junge Häckerstochter. Sie saßen alle ganz oben auf der Galerie, dem »Juchhe«, wo die billigsten Plätze waren. Nach einem langen Duett küßte sich das Liebespaar auf der Bühne. So etwas hatte die Lina noch nie gesehen, höchstens heimlich in einem Courths-Mahler-Roman gelesen. Sie war außer sich: »Huhuhui, die küssn sich, die küssn sich!« schrie und lachte sie ein ums andre Mal und konnte sich gar nicht beruhigen, sehr zur Belustigung des Publikums.

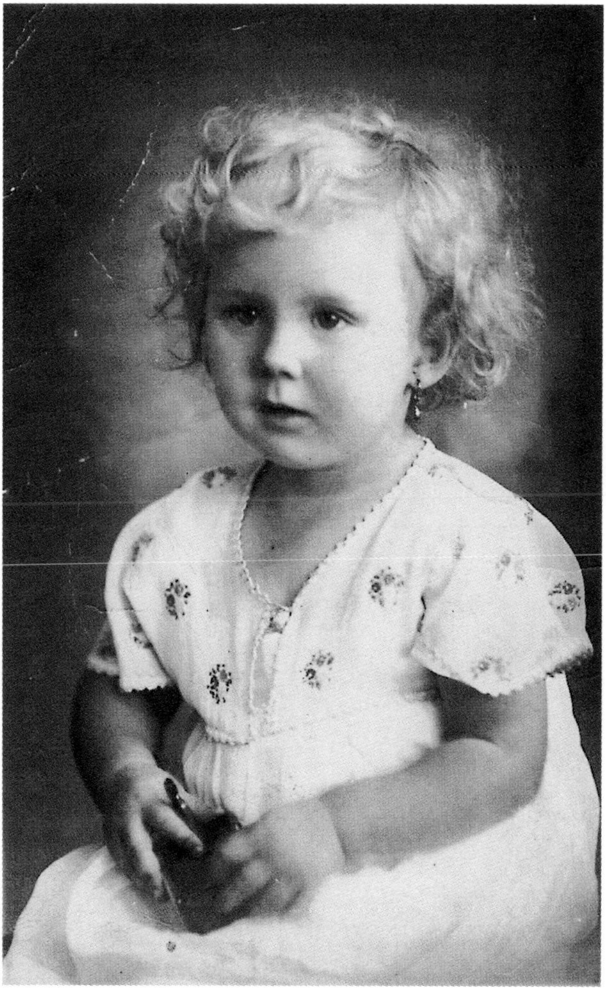

Rettl Motschenbacher im Alter von zweieinhalb Jahren

Von der Begeisterung der Maadla angesteckt, wollten die jungen Häcker auch ins Theater gehen. »Nobl geht die Wält zägrund« – sie nahmen sich gleich eine Loge neben der Bühne, um alles ganz genau zu sehen. Aber bald kam es zum Tumult. Die Kleider der Schauspielerinnen waren den Burschen zu tief ausgeschnitten, und »die Orm woän aa ganz nackät!«. Ihr ungehaltenes Murmeln steigerte sich zum drohenden Murren und gipfelte schließlich in der lauten Beschimpfung: »Ihä Dreegsäu!« Nach heftiger Gegenwehr setzten die anwesenden Feuerwehrleute die Hüter der Moral endlich an die Luft. Die Häcker konnten sich also – wie man sieht – recht moralisch geben, aber in ihrem Alltag waren sie nicht so prüde. Woher wären sonst die vielen Kinder, auch die unehelichen, gekommen? Sprachlich war dieses Thema zwar tabu, aber wenn es dunkel wurde (und manchmal auch schon vorher) . . .

Haamlich hom sie doch ihä Freud dro ghottn.

Die Liesl hatte als Häckerstocher zu Anfang unseres Jahrhunderts eine arme Kindheit erlebt. Es bedrückte sie sehr, daß sie zum Anziehen nur Kleider und »Schörzä« hatte, die schon getragen und oft auch geflickt waren. Kein Wunder, daß sie, die einen sehr guten Geschmack hatte, ihrer kleinen Tochter, dem »Marrila«, eine Menge hübscher Hängekleidchen nähen ließ: einfarbig, gemustert, kariert, manche sogar bestickt. Und wenn Mutter und Tochter dann die Großeltern auf dem Kaulberg besuchten, wurde jedesmal das neue, noch schönere Kleid bewundert. Als einmal der Großvater allein in der Stube saß, fragte er gleich: »No, Marri, wos host denn heut widdä Neus oo?« Die Enkelin, noch nicht drei Jahre alt, überlegte ein wenig, dann hob sie arglos das Röckchen: »Schau, Großvoddä, heut hob ich a neus grünseidänäs Untähösla oo!« Da fing der Simon schallend – und wenig großväterlich – zu lachen an, schlug sich auf die

Schenkel und rief immer wieder: »Die wärd richtich, die wärd richtich!« Dem Marrila wurde dieser Ausbruch unheimlich, so daß es zu weinen anfing.

Diese Geschichte hat sich in der engeren und weiteren Verwandtschaft hartnäckig erhalten. Dreißig Jahre später war die Marri mit ihrer Familie zur Hochzeit eines Vetters in die Untere Gärtnerei eingeladen. Als am Abend getanzt wurde, wollte ihre zweijährige Tochter auch mithalten. Sie hob ihr rotes Kleidchen ein wenig an und bewegte sich zierlich unter den Tanzpaaren. Da rief der alte Gärtnermeister Schorsch: »Schaut nä noo, wie ihä Muttä! Gleich werd sie uns ihä neus grünseidns Untähösla zeing!«

Dunnäkeil, Herr Pfarrer!

Neben einigen anderen Gemeinden galt die Obere Pfarre in Bamberg immer als ein »Mistbeet« für geistliche Berufe in der Erzdiözese. Dabei kommt ihrer Filiale Bug ein besonderes GeWICHt zu. Aber auch direkt im Schatten der Mutterkirche wuchs im gedeihlichen Klima einer guten Familie ein Pflänzchen heran, das schon früh zu »geistlichen Hoffnungen« berechtigte: Kilian. Als jüngstes von fünf Kindern – der Vater starb bald nach dessen Geburt – mußte er sich gegen seine drei großen Brüder behaupten. Er war nicht vor jedem rauhen Luftzug geschützt, was ihm nur zum Vorteil gereichte und sein Selbstbewußtsein stärkte.

Man wird es kaum glauben, aber schon 1968, im Jahr der Studentenunruhen, startete der kleine Kilian eine Protestaktion. Sonntag für Sonntag ging damals der Dreijährige an der Hand seiner Mutter zum Pfarramt in seine Heimatkirche, die Obere Pfarre. Obwohl er von der Liturgie noch kaum etwas verstand, harrte er doch mustergültig brav bis zum Ende aus, in seinem blauen Samtanzug und den blonden Locken eine Augenweide – nicht nur für die »frommen Seelen«! Das gelang ihm aber nur, weil er den ganzen Gottesdienst lang gespannt auf jene Stelle wartete, an der das deutsche Vaterunser gesungen wurde, damals ganz neu als Ergebnis des Konzils. Kilian konnte es wirklich gut und sang begeistert mit. Das klingt nun fast wie der Anfang einer Heiligenlegende, aber ...

Eines Sonntags hatte Kilian Pech. Da wurde ein lateinisches Hochamt gefeiert, und das deutsche Vaterunser kam und kam nicht. Als die Kommunion ausgeteilt war, wurde ihm schlagartig klar, daß sein Warten vergeblich war. Enttäuscht und aufgebracht hämmerte er mit den Fäusten auf die Bank und protestierte lautstark in die Stille hinein: »Dunnäkeil, Vaterunser will i singa!«

Die liebste Beschäftigung des fünfjährigen Kilian war es, im Spiel Messe und Gottesdienst nachzuerleben. Seine älteren Geschwister, Verwandten und Besucher der Familie mußten als Ministranten, Mesner und Gemeinde einspringen. Manchmal war aber die Personalnot so groß, daß der Kilian auf Puppen zurückgreifen mußte. So hatte er eines Tages eine Anzahl Puppen aller Größen auf dem Fußboden gruppiert. Die Mutter sah, wie er über einer Stuhllehne, die als Kanzel diente, den Teufel aus dem Kasperltheater agieren ließ: »Meine lieben Christen! Hört das heutige Sonntagsevangelium und die Predigt ...« Die Mutter, ungehalten: »Kilian, was soll das? Das geht eindeutig zu weit! Du kannst doch nicht den Teufel predigen lassen!« Kilian, zurechtweisend: »Sei doch leis! Du kannst doch net einfoch mei Predigt störn! Der Teufl is doch etzät der Pfarrä, wal er als aanzige Figuä a anständigs schworz Gäwand oohot!«

Obere Pfarre 1887: 500jähriges Jubiläum der Kirchweihe

Emanzipiert und unschuldig

Anna-Lena und Florian sind wieder einmal bei der Kaulberger Oma Rettl, während ihre Mutter in der Stadt Besorgungen macht. Zuerst tragen die beiden aus allen Ecken und Winkeln des Hauses das alte Spielzeug zusammen, das sich von den Kindern der Rettl angesammelt hat: eine unverwüstliche Eisenbahn und eine Würfelpyramide aus Holz, ein Kinder-Kaffeeservice, eine Menge Spiele, die nicht alle vollständig sind, und noch mehr Bilderbücher, von denen die abgegriffenen am meisten begehrt sind. Das alles wird mitten im Wohnzimmer zu einem Haufen aufgetürmt. (Manchmal wünscht die Rettl sich heimlich, die Kinder hätten kein so gutes Gedächtnis, und der Spielzeugberg wäre kleiner!)

Schließlich entscheidet sich Anna-Lena für ein Quartett, das sie mit der Oma spielen möchte. Florian ist mit seinen zwei Jahren noch zu klein dafür und wandert unentschlossen im Zimmer herum. Seine Schwester spielt begeistert, und alles deutet darauf hin, daß sie gewinnt – ihr Göschla geht wie g'schmiert. Als es einen Augenblick ruht, fällt der Rettl auf, daß es so merkwürdig still ist. Kein Wunder: Der Flori hat sich in einem Sessel zusammengerollt und schläft, und dem Opa sind beim Zeitungslesen in der Sofaecke auch die Augen zugefallen. »Anna-Lena, ich glaab, miä zwaa sen die aanzichn, wu in dem Zimmä nuch wach sen«, meint die Oma. Die Fünfjährige schaut sie erstaunt an und sagt, wie aus der Pistole geschossen: »Aber Oma, wir sind doch Frauen – und Frauen sind ja immer munter!« »Do hört sich doch alles auf, du bist ja wirklich a klaana Emanzn!« lacht die Oma – aber dann denkt sie besorgt: Sollte die Kindheit heutzutage schon so früh vorbei sein? – In Kürze wird sie eines Besseren belehrt.

Florian ist aufgewacht, und die Geschwister beschließen, aus der Würfelpyramide ein Hochhaus zu bauen. Bewohnt werden soll es von den kleinen Figuren und Tieren aus Glas, Porzellan und Holz, die in einem besonderen Fach des Bücherregals der Großeltern stehen, alles Reiseandenken und Mitbringsel. Schon liegt der Rettl auf der Zunge: Nix gibt's! Des ist doch vill zä empfindlich! Hobt ihä nuch net

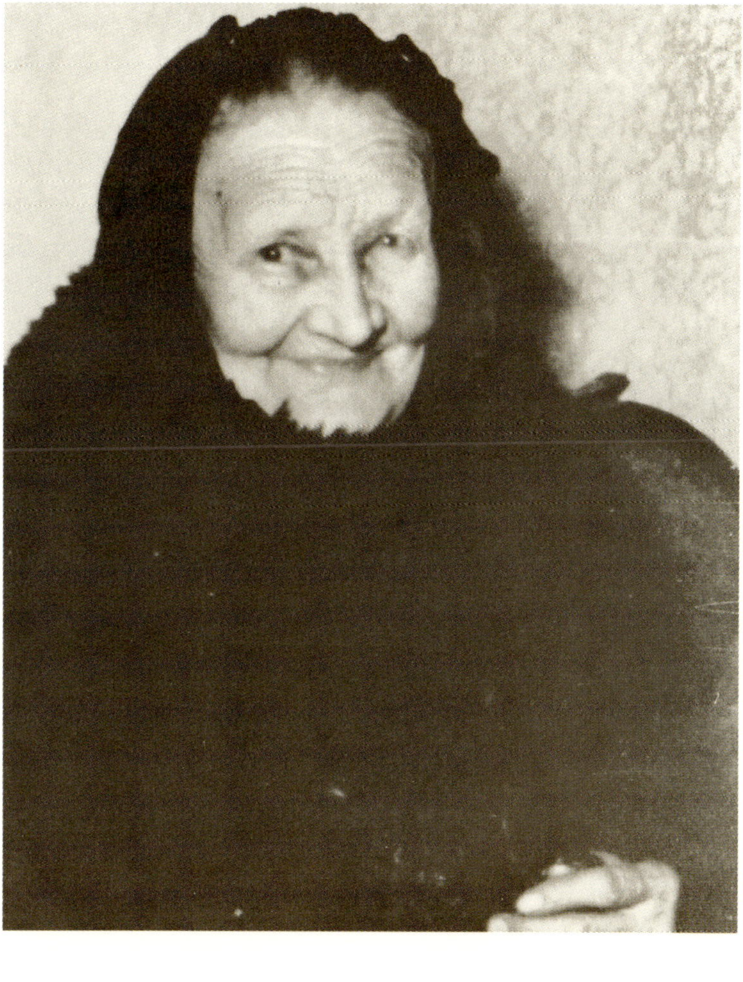

Kunigunda Motschenbacher im Alter von 88 Jahren

genuch Spielzeuch do? Aber dann fällt ihr ein, was es für eine Wonne war, wenn sie als kleines Mädchen bei ihrer Großmutter Kuni mit den Raritäten aus dem »Glasschränkla« spielen durfte. Da gab es ein »Münchner Kindl« und a Moßkrügla ausm Hofbräuhaus, daneben eine kleine Statue der schwarzen Muttergottes von Altötting unter einem Glassturz und eine ebenso kleine Gipsfigur vom Bruder Konrad. Das schönste war ein hölzerner Ziehbrunnen. Die Mahnung ihrer Großmutter klingt der Rettl noch im Ohr: »Obä net ruiniern und net verunehrn!« Als sie aber einmal spielte, daß die schwarze Madonna den Bruder Konrad im Eimer in den Brunnen hinunterließ, weil er immer aus dem Maßkrug trank, da wurde die Großmutter ärgerlich und hätte ihr beinah' alles weggenommen.

Also gibt sie in »Gott's Noma« den Kindern, was sie wollen. Das Kamel aus Israel zieht in den größten Würfel ein, und im Nu ist das Hochhaus bewohnt. Nur die russische Puppe ist übrig. »Ach Oma, die ›Frau‹ hat keine Wohnung, was mach ich bloß? In diesen Würfel tät sie hineinpassen – aber es geht nicht, da wohnen schon zwei Nikoläuse zusammen. Vielleicht da, bei dem Neger! Lieber Neger, darf ich bei dir schlafen? Oma, warum lachst du? Du bist doch jetzt der Neger und mußt antworten!« (Liebä net, hätt ich beinah spontan zu diesem eindeutigen Angebot gesagt!) Statt dessen sage ich mit tiefer Stimme: »Ja, wenn du keine Angst vor mir hast!« »Aber nein, ich hab dich doch so lieb, ich kann sogar schon ein ›Negerlied‹ aus dem Kindergarten.« Und es folgt ein kindlicher Sprechgesang »Asantesana Jesu, asante sana Jesu, moyoni! Wir danken dir, Herr Jesus!«

Emanzipiert und kindlich unschuldig! Nicht nur die Zukunft der russischen Puppe ist gerettet, sondern auch der Seelenfrieden der Oma Rettl.

Das Lebkuchenherz

Die Laurenzikerwa auf dem Kaulberg gehört zu den ältesten Kirchweihfesten Bambergs. Sie fand selbst in den Jahren statt, als die von Bomben zerstörte Laurenzikapelle noch nicht wieder aufgebaut war. In der Zeit nach der Währungsreform um 1950 wurde sie wieder groß gefeiert – als man alles, was an Essen, Trinken und Vergnügen in der Kriegs- und Nachkriegszeit zu kurz gekommen war, schleunigst nachholen wollte, soweit es der Geldbeutel zuließ. Nicht nur die Bamberger strömten auf den Kaulberg, auch für das Umland hatte diese Kerwa eine große Anziehungskraft.

Schon wochenlang freute sich der kleine Anton in seinem Steigerwalddörfchen, weil der Großvater versprochen hatte, ihn nach Bamberg auf die Kaulberger Kerwa mitzunehmen. In Bamberg war der Bub ja schon einmal gewesen, und zwar mit seiner Großmutter – aber die zog es hauptsächlich in die Kirchen. Zuerst ging sie zu den Karmeliten zum Beichten, dann besuchte sie die Mutter Gottes von der Oberen Pfarre, und schließlich nahm sie den Kleinen mit in den Dom, wo gerade das sonntägliche Hochamt gefeiert wurde. Weil der Anton aber nach einer Weile laut zu weinen anfing, mußte sie den Besuch abbrechen.

Erst am Abend, daheim im Familienkreis, konnte er über das sprechen, was ihn so verstört hatte: »Ich woä in die vier Türm. Inna drinna wor hoch drom a Kästla aufghängt, do woä a Moo drin eigsperrt, der hot orch g'schria. Er hot sei Händ ausgstreckt und hot gäbittlt und gäbettlt, obä sie hom na net rausgälossn aus'n Kästla!« Als die Großmutter dann erklärte, daß es sich dabei um die Kanzel und den Prediger im Dom gehandelt hatte, gab es ein großes Gelächter über den mitleidigen Anton.

Diesmal aber ging's ja auf die Kerwa! Das war schon daheim im Dorf der größte Festtag des Jahres, auch wenn das Vergnügen für die Kinder dort nur in einer einzigen wackligen Bude bestand. Antons ältere Brüder malten ihm die Herrlichkeiten aus, die ihn erwarteten: Karussell und Schiffschaukel, Schießstand, Bratwurst- und Heringsbratereien, Spielzeug und Süßigkeiten in Hülle und Fülle. Und sie hatten nicht zuviel versprochen: Anton war selig über die Karussellmusik, die er schon von weitem hörte, und über die vielen köstlichen Gerüche, die ihm entgegenschlugen.

Karussellfahrt auf der Johanneskerwa am Stephansberg 1963

Gleich zuerst kaufte ihm der Großvater ein schönes, kunstvoll verziertes Lebkuchenherz, das dem kleinen Kerl statt auf der Brust eher auf dem Nabel hing und das er auf keinen Fall anbeißen wollte. Nachdem er alles ausführlich angeschaut und bestaunt hatte und auch ein paar Runden auf einem Schimmel des Karussells geritten war, nahm ihn der Großvater mit in den Greifenklau-Garten.

Dort bestellte er ihm ein Paar Bratwürste und ließ ihn ab und zu aus seinem Maßkrug trinken. Schließlich durfte er zum ersten Mal – wie ein richtiger Mann – mit dem Großvater ins Pissoir gehen. Der beobachtete aus den Augenwinkeln, wie sich der Enkel dabei anstellte, und fragte belustigt: »Anton, worüm drückst denn dei Aang däbei zu?« »Wal's so sprützt!« sagte der Bub.

Als sie dann aber in die Sonne auf den Kerwaplatz hinaustraten, merkte der Großvater, daß dem Anton dicke Tränen aus den Augen rollten. »No, wos host denn, Toni, gäll dir gfällts nimmä do?« fragte er. »Joo«, schluchzte der, »obä mei Lebkuungherz – is hie – ganz aufgäwaacht is – vom Wiss!« »Deswechä brauchst doch net zä greina«, tröstete der Großvater, »do kaafn mä halt a neu's, und des do brengä mä der Großmuttä mit haam, die brockt sowieso alles ei!«

Die Bratwurstprozession

Schon seit 1705 findet auf dem Kaulberg, in ähnlicher Form wie heute, die Urbaniprozession statt. In einer Chronik ist zu lesen, daß sie schon damals von der Häckerbruderschaft ausgerichtet wurde, zu Ehren des hl. Urban und um dessen Fürbitte «um erhaltung der lieben Veld früchten und Wein wuchß«. In meiner Kindheit, in den dreißiger Jahren, hieß sie in Bamberg nur die »Bratwurstprozession«. Wohl war der Mittelpunkt des Zuges die geschmückte Urbanstatue, der blumenstreuende »Bräutla« vorausgingen. Aber kaum hatte die Prozession die Obere Pfarre verlassen, als schon der Duft von Rostbratwürsten die Luft erfüllte.

Sie wurden in der Toreinfahrt des Kaiserwirtshauses gebraten, und man lobte, daß sie so »mörb« wären, weil reichlich Eier unter das Brät gemengt wurden. Die Prozessionsteilnehmer mußten zwar standhaft bleiben, aber viele Zuschauer konnten bereits hier ihren Gelüsten nicht widerstehen.

Am ersten Altar, in der Allee des Laurenziplatzes, gab es wieder Bratwürste, Irdisches und Himmlisches liegen halt – und nicht nur hier – nah beieinander. So kam der Seppä, als er die frommen Klänge der Blaskapelle hörte, aus der Tür vom Greifenklau, in der einen Hand einen Maßkrug, in der andern a Bratwörschtweckla, und stellte sich in die Nähe des Altars. Die Bläser spielten: »Ich will dich lieben, meine Stärke ...«, wobei der Seppä einen langen, andächtigen Zug aus dem Krug nahm. Aus vollem Hals sang er dann: »Ach, daß ich dich so spät erkannte ...« und betrachtete dabei verklärt seine Bratwurst.

Auch auf dem Weg vom Hohen Kreuz zur Schellenbergerstraße schauten viele Leute die Prozession an. Wohlgefällig musterten sie die sechs Urbanträger. Sie sollten nach

Möglichkeit junge, unverheiratete Burschen sein und waren mit ihren weißen Hosen, dem schwarzen Spotzä-Frack und dem keck aufgesetzten Kränzla recht stattlich anzusehen. Dazu trug auch das Blumenbukett auf der Brust bei, das nach ungeschriebenem Gesetz aus »gschtraachta Bluma« sein mußte. Die wurden in der Nacht vorher aus verschiedenen Gärten stibitzt, die bunten Sträuße dann in einer Scheune gemeinsam gebunden, und am Abend nach der Prozession verehrte sie jeder seinem Maadla. Da konnte es schon einmal passieren, daß eine Zuschauerin auf den Blumen-

Junge Häcker und Häckermädchen in Tracht um 1925

busch des vordersten Trägers deutete und empört rief: »Des sän doch die Lilien aus mein Gartn!«

Während des dritten Altars am Haus Schellenbergerstraße 1 mit der schönen, spätgotischen Kreuzigungsgruppe war es seit langem Brauch, daß die Urbansträger im Stall des Anwesens verschwanden, um sich dort mit Wurst und Bier zu stärken. Der Niko stand gefährlich nah an einer Kuh, die sich ohne Vorwarnung erleichterte. Platsch! Der Kuhdreck spritzte, und sein rechtes Hosenbein war von oben bis unten damit bedeckt. Die saftigen Witze der Mitträger war schon schlimm genug, aber wie die Bescherung beseitigen? Die Hausfrau versuchte es mit warmem Wasser und Seife. Der schlimmste Geruch verschwand zwar, aber die braungelbe Färbung breitete sich dadurch nur noch mehr aus. Auch das Mehl aus der Küche, mit dem man die Hose bestäubte, half nicht lang. »Mittroong mußt, do gibt's kan Backäs!« setzten die andern Träger dem Niko zu. Da fiel dem Hausherrn der Sack mit Gips ein, der an der Mauer lehnte. Mit vollen Händen streute er ihn auf die Hose – die braune Bahn blieb weiß! Gerettet! Höchste Zeit, den Urban wieder aufzunehmen, denn die Prozession setzte sich gerade in Gang. Obä och Gottla! Als er den Stephansberg hinunterging, überlief es den Niko siedhaaß: Der Kuhmist war stärker als der Gips und schlug wieder durch.

»Muß denn des aa nuch des äußera Hosnbaa sei, wu jedä sicht!?« schimpfte der Niko. Der Weg zurück zur Oberen Pfarre war für ihn das reinste Spießrutenlaufen. Er glaubte natürlich, daß alle Leute nur auf seine Hose schauten, die so verdächtig braun war, und sich fragten: »Wor ers selbä odä wors a andärä?«

A weng schaukln

Im Chorumgang der Oberen Pfarre steht die Statue des hl. Judas Thaddäus, der als Helfer in schwierigen und verzweifelten Situationen angerufen wird. Sie wurde um die Jahrhundertwende der Oberen Pfarre gestiftet, und zwar von der damaligen Wirtin der Brauerei Spezial, als Dank für

Die um die Jahrhundertwende von der Spezial-Wirtin gestiftete Figur des Judas Thaddäus aus der Oberen Pfarre

die Fürbitte und Hilfe des Apostels bei einer schweren Geburt. Mit der Stiftung verknüpft war die Erwartung, daß die Figur bei der »Kleinen Fronleichnamsprozession«, die an der Brauerei in der Oberen Königstraße vorbeigeht, mitgetragen werden sollte. Weil für die Träger nach der Prozession im »Spezial« Bratwörscht und a Seidla Bier winkten, gab es immer ein großes Gerangel um diese Ehre – zumindest Ende der fünfziger Jahre, wie sich noch heute ehemalige Ministranten erinnern. Natürlich setzten sich die »gestandenen Männer« unter den Ministranten, die 14- und 15jährigen, durch.

Am Sonntag nach Fronleichnam machten sich also vier Auserwählte mit ihrem Schemelträger, sämtlich in frischen und gestärkten weißen Ministrantenröcken mit roten Krägen und der Statue auf den Weg nach St. Gangolf. Der Mesner Lunz hatte ihnen noch eingeschärft: »Und des schreibt euch hintä die Ohrn: Noch dä Prozession werd gleich dä Judas Thaddäus haamgätroong, don ziecht ä die Röck aus und donn kumma örscht die Brotwörscht!« Aber das sahen die fünf Burschen nach der Prozession – schwitzend, hungrig und durstig, wie sie waren – überhaupt nicht ein. »Wos soll miä etz den Heiling den Berg naufschlaafn und donn widdä runtägeh?« maulte der Karl. »Den stelln mä doch einfoch im Spezial ob«, schlug der Heiner vor. »Worum soll denn deä net mit nei, wu ä doch eingtlich vo do heäkummt.«

Sämtliche jungen Träger waren einverstanden, und so stellten sie die Statue im Hofraum der Brauerei ab und hängten ihre Ministrantenröck drüber. »Miä sen die Trägä vo der Obern Pfarr« – auf diese Zauberformel brachte die Wirtin gleich Bratwürste für alle, und sie war auch großzügig – wie einst die Stifterin – mit dem Bier. Da wurden die fünf vergnügt und immer gesprächiger und fühlten sich so richtig als Männer. Sie überhörten das 12-Uhr-Läuten und vergaßen ganz aufs Mittagessen.

Endlich mußten sie sich doch auf den Heimweg machen. So recht sicher fühlten sie sich ja nicht auf ihren Beinen, aber sie waren in bester Stimmung. Als sie mit ihrem Heiligen über die Kettenbrücke gingen, hatte der Hans den Einfall, daß der Judas Thaddäus doch bestimmt gern einmal in die Regnitz schauen wollte. Also stellten sie ihn quer aufs Brückengeländer, so daß er einen guten Blick flußaufwärts in Richtung Wunderburg hatte. »Välleicht möchät ä etz a weng schaukln«, meinte der Karl, und so tippten sie ihn zuerst vorsichtig, dann immer kräftiger an und ließen ihn hoch über der Regnitz auf dem Geländer hin- und herwip-

»Engala« bei der Urbaniprozession

pen. Es war den Ministranten überhaupt nicht bewußt, in welch »schwierige und verzweifelte Situation« sie die Statue damit brachten. Hielt der Heilige vielleicht doch seine schützende Hand über sein Abbild? Jedenfalls stürzte es weder aufs Pflaster noch ins Wasser.

Erst nach der Nachmittagsandacht kamen die Helden in der Oberen Pfarre an und mußten den Mesner herausläuten. Der sonst so ruhige Mann las ihnen zornig die Leviten. »Worum hot deä uns etz so zsammgschend?« fragte der Hans wenig später auf dem Heimweg, »bloß wel miä den Heiling so long in dä Brauerei gelossn hom? Vom Schaukln auf dä Brückn hot ä ja zum Glück ka Ahnung, sunst . . .!« »Und überhaupt«, erklärte der Karl überzeugt, »hot na ja goä nix bassiern gäkönnt, deä Sturz nein Fluß ghöäd schließlich zum Nebbomugg und net zum Daddäus!«

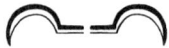

O höchstes Gut

Seit 1629 ist der Märtyrer Laurentius der Patron des Kirchleins auf dem Siechhof am Kaulberg. Zuvor war es 300 Jahre lang der Einsiedler Antonius, der bei Aussatz und Mutterkornbrand als Helfer angerufen wurde. Am Kerwasonntag ist die Kapelle den ganzen Tag geöffnet: Sie beherbergt nicht nur die barocke Statue des Kirchenpatrons, sondern auch die des hl. Urban, des Schutzheiligen der Häcker.

Während die Laurenzi-Figur sowie die Statuen von Antonius und Rochus das ganze Jahr fest an ihrem Platz über dem Altar stehen, weht dem Urban wenigstens zweimal im Jahr frische Luft um die edelgeformte Nase, wenn er bei der Urbani- und der Fronleichnamsprozession mitgetragen wird. Einige ältere Leute erinnern sich sogar noch daran, daß er bis zum Zweiten Weltkrieg auch bei der »Kleinen Fronleichnamsprozession« in der Theuerstadt dabei war. Das geschah aus einer gewissen Verbundenheit der Häcker mit den Gärtnern, aus Solidarität – wobei sicher keine der beiden Gruppen dieses Wort benutzt hätte.

Das »Häckerbild«, so heißt die Figur bei den Gärtnern, war das erste im Zug und hatte beim dritten Altar in der Oberen Königstraße die Luitpoldkreuzung schon überschritten. An dieser Stelle überkam die Träger einmal das kräftige Verlangen nach einer Stärkung, vor allem, weil der »Mohrenpeter« nicht weit war, das Zunft- und Vereinslokal der Gärtner, das auch den Kaulbergern bestens bekannt war.

Sie gingen also in die Wirtsstube und bestellten Bier und Bratwörscht. Die waren damals, in den dreißiger Jahren, ein

Urbaniträger und Häcker beim Gruppenphoto um 1925

seltener Genuß, den man sich nur ein paarmal im Jahr erlaubte – nicht so wie heute, wo man sie »om hellichtn Werkdooch« an jeder Straßenecke kaufen kann. Aber gerade als die Bratwürste, knusprig braun gebraten und köstlich duftend, auf den Tisch kamen, setzte sich draußen die Prozession schon wieder in Bewegung. Während die Blaskapelle auf dem Weg zum vierten Altar »O höchstes Gut« spielte, gerieten die Urbansträger in arge Gewissensnöte: Die schöna Bratwörscht im Stich lossn, odä . . .

Nach einer kurzen »Abwägung der Güter« entschieden sich die jungen Häcker für die Bratwürste und blieben »höckn«. Die Prozession zog ohne sie weiter, und die Urbansfigur blieb einsam und verlassen auf der Straße stehen. Nach dem vierten Altar ließ der Gangolfer Pfarrer den Trägern durch einen Ministranten ausrichten: »Etz brauchtä a nimmä kumma!« Sie standen sofort auf, aber nicht von Reue und Zerknirschung gepackt, sondern nur, um den Urban in den Hofraum des Gasthauses zu tragen. Dann gingen sie seelenruhig wieder in die Stube. »O des Bier könnt mä sich fei aa gäwöhna!«, war ihre einhellige Meinung. Erst am Nachmittag traten sie mit dem Urban den Heimweg an. In doppelter Hinsicht schwer beladen, schwankten sie dem Kaulberg zu. Die Sonntagsspaziergänger blieben erstaunt stehen: »Schaut noo, dä Urban! Wu kummt denn deä etz heä? Die Prozession is doch scho long rum!«

Endlich war die Laurenzikapelle erreicht, und die Figur stand wieder auf ihrem Sockel. Die Träger waren in bierseliger und gerührter Stimmung. »Sixtes, Urban, etz bist widdä däham! Heut hot's scho a weng long gädauät«, sagte der Hans mit einem gewissen Bedauern und dem Gefühl, daß der Heilige vielleicht »böse« sein könnte. Aber auf dessen Gesicht lag derselbe verklärte Ausdruck wie eh und je.

Fahr zu!

In Bamberg geht bekanntlich die große Muttergottesprozession der Oberen Pfarre immer am Sonntag nach Mariä Himmelfahrt aus, urkundlich bezeugt schon seit dem Jahr 1700. Solange man weiß, wird das Gnadenbild Unserer Lieben Frau von Häckern getragen. In der Zeit unserer Geschichte, um das Jahr 1900, waren sie freilich noch zahlreicher. Die Ehre, ein Muttergottesträger zu sein, war in gewisser Weise mit dem Namen der Familie verknüpft, aber es spielten auch Kraft und vor allem Körpergröße eine Rolle. Der Simon und der Lenz gehörten zu den Großen, also trugen sie das Gnadenbild, während die Kleineren vorne eingesetzt wurden. Jedes Jahr kam es erneut zu Auseinandersetzungen, wer denn eigentlich schwerer zu tragen hätte: die hinteren, die mittleren oder die vorderen Träger – dies geschah natürlich erst nach der Prozession hinter dem Maßkrug.

Als die Häcker nach dem Besuch der Schmerzhaften Mutter von St. Martin das Gnadenbild mit der blumengeschmückten Mondsichel über den Obstmarkt auf das Alte Rathaus zu trugen, fiel der Blick des schwitzenden Simon auf das Schild »Weinhaus Zeis«. Da kam ihm ein Gedanke, den er dem Lenz nach Schluß der Prozession auf dem Pfarrplatz gleich mitteilte. Ob sie nicht heute zur wohlverdienten Nachfeier statt in den Greifenklau oder Kaiserwirtskeller in das Weinhaus Zeis gehen könnten? Warum sollten sie sich nicht auch einmal etwas Besonderes gönnen, so wie die »besseren Leut«? Der Lenz war sofort einverstanden. Ihre Kränze, damals noch aus Hunderten von Goldplättchen, Blumen und kleinen Perlen bestehend, gaben sie einem Nachbarn mit heim und stiefelten dann zu zweit und so, wie sie waren, im »Spotzäfrack« und weißen Hosen, den

Kaulberg hinunter. Als sie bald vor dem Weinhaus standen, war ihnen nicht recht wohl zumute, und jeder hätte gern einen Rückzieher gemacht, wenn er sich nicht vor dem anderen geniert hätte. Sie waren doch noch nie in einem Weinhaus gewesen! Doch dann steigen sie gemeinsam die Treppe hinauf und suchen sich einen Platz. Die Bedienung bringt ihnen gleich italienischen Rotwein. Leise machen sie ihre Bemerkungen über das Fräulein, ein »recht saubers und stramms Weibsbild«, wenn es auch »so zötige Hoor« hat und bloß »a ganz klaans weiß Schörzerla». Durstig, wie sie sind, leeren sie das Glas in einem Zug und bestellen gleich wieder. »Des hätt i fei net gädocht, daß der Wei so gut schmeckt«, sagt der Lenz und bestellt das dritte Mal. Die Vorhaltungen von Simon, daß der Wein es in sich habe, tut er geringschätzig ab: »Des bißla süßa Zeug mächt miä nex, do bin i on a anders Quantum gäwöhnt!« Mit jedem Glas steigert sich sein Selbstbewußtsein, und er fühlt sich schnell wie ein König oder mindestens wie ein Baron. Allmählich wird's aber Zeit zum Mittagessen. »Fräulein zohln!« schreien die beiden in einer Lautstärke wie auf dem Keller. Beim Zahlen merkt der Lenz, daß er das Geld nicht zusammenbringt. Ja, reichen tut's schon, aber die Münzen verschwimmen vor seinen Augen! Also sucht's der Simon zusammen aus dem alten Geldbeutel vom Lenz. Ausnahmsweise gibt er heut ein großzügiges Trinkgeld in Höhe von zwei Pfennigen und hilft dann dem Lenz die Treppe hinunter.

»Dunnerkeil, geht der Wei nei die Baa!«, schnauft der. Doch ganz schlimm wird's erst draußen auf dem Obstmarkt an der frischen Luft: Vor dem Lenz dreht sich alles im Kreis, und er kann sich kaum auf den Beinen halten. Simon, dem sonst Unerschütterlichen, wird's doch ein wenig bang. Wie soll er mit dem »zammgäwaachtn« Lenz heim auf den Kaulberg kommen, noch dazu im Muttergottesträgeranzug mit

den weißen Hosen? Das gäbe ein Schauspiel, »Schandäspott« für beide. Da kommt ihm die rettende Idee: »Do gibt's doch etz des neumodischa elektrische Zeuch!« Und zum Lenz sagt er: »Nobl geht die Welt zägrund! Heut fohrn mä mit der Stroßnboh haam, wenigstens bis zum Karmelitenbrunna.« Mit Müh und Not steuert er den ausschlagenden Lenz quer über den Obstmarkt bis zur Haltestelle Mohrenapotheke. Aber ehe der Simon ihn halten kann, rumpelt der Lenz mit einem Satz durch die Tür der Apotheke. Die Türschelle läutet dabei Sturm. Das ist für ihn das Bimmeln der Straßenbahn kurz vor dem Anfahren. Der Lenz lallt »Nä longsom, ich will aa nuch mit!« und torkelt auf die Bank zu, die für wartende Kunden gedacht ist! Unter den Augen des staunenden Apothekers läßt er sich darauf niederfallen und seufzt erleichtert: »Iich sitz. Fohr zu!«

Woher ich das weiß? Natürlich nicht vom Lenz: Ich hab's vom Simon, meinem Großvater.

Kaschperla, das Wunderkind

»Die Kinder, die die größten Schultüten haben, mit den meisten Süßigkeiten drin, sind oft später in der Schule die dümmsten«, sagte meine Mutter. Es war offensichtlich, daß sie als einfach und sparsam erzogene Häckerstochter etwas gegen Schultüten hatte.

So war ich im Jahr 1938 unter den wenigen, die zum Schulanfang keine hatten. Es machte mir nicht einmal viel aus, denn was die Mutter gesagt hatte, leuchtete mir ein. Der erste Schultag gefiel mir gut, und die Drohungen, die ich von allen Seiten gehört hatte – »Wart nä, wennst nei dä Schul kummst, geht's aus am andän Fäßla!« –, schienen nicht zu stimmen.

Aber nach einigen Tagen fing die Plage mit den Hausaufgaben an. Ganze Zeilen auf der Schiefertafel mußten ausgelöscht werden, weil die kleinen Is der deutschen Schrift hin- und herwackelten, statt stramm wie die Soldaten zu stehen nach dem Ideal der damaligen Lehrerin. Auch mit dem Lesenlernen ging es nicht so schnell wie erträumt, und so gab es oft Tränen. Dann tröstete mich die Mutter: »Geh zu, so wie des Kaschperla konnst aa lesn, und des ander werst nuch lerna!« Und dann erzählte sie die Geschichte vom Kaschperla:

Goldene Hochzeit in der Unteren Gärtnerei 1936

Wie du weißt, hatten wir draußen in der Oberen Gärtnerei Verwandte, die wir – meine drei Schwestern und ich – ab und zu besuchten. Sie hatten vier Buben, die, immer hungrig und zu dummen Streichen aufgelegt, ihrer Mutter, der Tant' Kätha – unser Herrgott tröst sie – nicht wenig zu schaffen machten. So wurde die Ankunft des fünften Buben nicht gerade mit Freudengeschrei begrüßt. Aber wie es so geht, bald wurde der kleine Kaschper der Liebling der Familie. Das war aber auch ein Börschla! Nicht nur Haare und Augen waren kohlschwarz, sondern meist auch Gesicht und Hände, ein richtiger »Mausgrober«. Bei allen Unternehmungen war er vorne dran, und Verstand hatte er für mindestens zwei. So sagten wenigstens seine Brüder.

Bei einem Besuch erzählten sie uns, daß das Kaschperla schon lesen könnte. Das wollten wir von dem Vierjährigen denn doch nicht glauben. Gleich holte der Heiner, der in die erste Klasse ging, seine Fibel. Kaschperla hockte sich auf den zerschlissenen »Kanäpeta«, und wir standen um ihn herum. Seine Brüder siegesgewiß, wir Mädchen zweifelnd und doch begierig auf die Leistung des Wunderkinds. Es schlug das Buch in der Mitte auf. Das Bild zeigte einen Mann, der mit dem Holzschlegel ein Faß bearbeitete, einen KÜFER und ein FASS, wie in großen Buchstaben darunterstand: »Büdnä – Foß« las Kaschperla schnell und blätterte gewandt um. Auf der nächsten Seite war ein Ofen zu sehen. »A Ufn« rief der Bub und schaute uns triumphierend an. (In der Oberen Gärtnerei sprach man o wie u.) Das nächste Blatt zeigte ein Gebäude, das er in- und auswendig kannte. »Scheuern« las er sofort. Eine Anzahl Seiten überschlagend, zeigte Kaschperla auf ein gehörntes Tier, eine ZIEGE. Und jetzt, gewichtig mit dem Finger von Buchstabe zu Buchstabe rutschend, las er laut und deutlich: »Gaasbuuck.«

Brüch

Im Jahre 1908 wurde das neuerrichtete hintere Schulhaus am Kaulberg von den Knabenklassen bezogen. Wegen der strengen Geschlechtertrennung in dieser Zeit mußten die Mädchen im alten Vorderhaus bleiben. Die »Knaben« von damals habe ich noch als alte Männer mit großem Respekt von ihren Lehrern erzählen hören. Besonders ein Schulmann wurde wegen seiner Originalität gerühmt. Seine Schlagfertigkeit in doppeltem Sinn wurde durch die Erinnerung sicher verklärt. Denn es war immer auch eine gewisse Erleichterung herauszuhören, dieses strenge Regiment überstanden zu haben: Das Haupterziehungs- und beinahe Allheilmittel war nämlich der Stock. Hiebe oder »Brüch«, wie die Buben sagten, gab es damals, dosiert nach der Schwere der Verfehlung, für alle Vergehen, vom Schwätzen bis zum Schwänzen. Und zum Leidwesen der Schüler registrierte das scharfe Auge des Lehrers auch vieles von dem, was sie nach dem Unterricht trieben.

So war der Adl einmal in den Besitz von zehn Pfennigen gelangt – für einen Elfjährigen vor dem Ersten Weltkrieg ein kleines Vermögen. Er überlegte hin und her, in welchen Süßigkeiten er es anlegen sollte. Da kam ihm eine Idee: Er ging zum Konditor Schenk in der Lugbank und verlangte »für a Zehnerla Allerlei«. In eine lange, spitze Tüte, einen »Schamitzl«, wurden ihm Gebäckreste, Waffelbruch, Kuchenbrösel und das »Zammkratzich« von Tortenplatten eingefüllt, auch Cremereste und Baiserstückchen waren dabei. Gleich vor dem Laden fing er an, aus der Tüte zu essen. So sehr war er in den seltenen Genuß vertieft, daß er seinen Lehrer auf der anderen Straßenseite nicht bemerkte.

Als er am nächsten Morgen in der Schule aufgerufen wurde, fiel es dem Adl siedheiß ein, daß er den aufgegebenen Text des Gebetbuchliedes »Beim frühen Morgenlicht« nicht gelernt hatte. Die erste Strophe konnte er sowieso, aber bei der zweiten fing es an zu hapern. »Bei Speise und bei Trank«, begann er mit unsicherer Stimme und blickte hilfesuchend zur Decke. »Bei Speise und bei Trank ...« Verlegen trat er von einem Fuß auf den anderen. »... ist meines Herzens Dank«, versuchte man ihm von hinten einzusagen – aber das Gezischel war nicht zu verstehen! »Bei Speise und bei Trank ist ...« – »So, so«, dröhnte der Lehrer, »hast es nicht gelernt! Wart, ich helf dir: Bei Speise und bei Trank ist des Konditors Dank, do fressn mir aus großa Schamitzl lauter klaans Gebitzl!«, dichtete der Lehrer triumphierend. »So war's doch gestern, oder?« Die Klasse grinste, und der Adl glaubte schon, noch einmal glimpflich davongekommen zu sein – aber nein: »Raus jetzt und fünf hintendrauf, und morgen kannst du das Lied, sonst ...!«

Aber selbst dieser Lehrer mußte die Erfahrung machen, daß der Stock nicht alle Probleme lösen konnte. Der Willi war ein richtiger »Dreegmoggl« auch in der Schule: schwarze Mäusgrobershänd, das Gesicht in Grau, der Hals eindeutig schwarz, der Zustand der Ohren unbeschreiblich und der Geruch des ganzen Kerls auch. Eines Tages reichte es dem Lehrer. »Also, Wilhelm«, sprach er, »morgen kommst du endlich gewaschen zum Unterricht, oder ich leg dich über!« Der Willi erschien am nächsten Tag wie gewohnt und nahm gleichmütig fünf auf den Hintern in Empfang. »Himmeldonnerwetter, gibt's denn bei euch in der Sutten kein Wasser? Sag deiner Mutter, sie soll dich bis morgen sauber waschen, sonst gibt's das Doppelte!« Natürlich kam der Willi wieder in Dreck und Speck. Schon wollte der Lehrer wieder zum Stock greifen, als ihm ein Gedanke kam: Er schickte den Klassenbesten zum Hausmeister um ein Stück Kernseife und eine Wurzelbürste. Dann ließ er die erstaunte Klasse antreten und führte sie über den Hof, hinaus zum Schulbrunnen am Kaulberg.

Der Willi mußte vortreten, und nun seifte ihn der Lehrer eigenhändig ein und schrubbte ihn mit der Wurzelbürste so arg ab, daß ihm der Seifenschaum aus den Ohren lief und ihm Hören und Sehen verging. Zuschauer erschienen an den Fenstern, Passanten blieben stehen und verfolgten die Prozedur: »Schaut noo, do werd aanä in allä Öffentlichkeit gäwaschn!« Endlich war der Lehrer mit dem Ergebnis zufrieden. Er trat einen Schritt zurück und musterte sein Werk wohlgefällig. Der Willi schnappte immer noch nach Luft und war feuerrot, glänzte aber vor Sauberkeit und Nässe. Der Lehrer klopfte ihm auf die Schulter: »Sixtäs, etz bist a ganz anderer Kerl! Wennst heut haamkummst, werd dich dei Mutter gor nimmä kenna!«

Erstkläßler der Kaulbergschule anno 1913

Fräun Lehrin

Als die »Knaben« im Jahr 1908 ins neue hintere Schulgebäude umzogen, waren im Vorderhaus noch neun Mädchenklassen untergebracht. So ist es in der »Geschichte der Kaulbergschule« von Dominikus Kremer nachzulesen. Damals gab es die Bezeichnung »Klasse« allerdings nicht, es hieß »Schule«. Die »Schule« einer Lehrerin umfaßte zu dieser Zeit etwa siebzig Mädchen, durchaus ein Fortschritt zum Jahr 1880, als es noch hundert waren.

Unbedingte Disziplin war auch im Unterricht der Mädchen angesagt. Wenn sie nicht mit schriftlichen Arbeiten beschäftigt waren, mußten die Schülerinnen aufrecht in der Bank sitzen, die gestreckten Hände unbeweglich nebeneinander auf ihr Pult gelegt. Merkte die Lehrerin, daß da eine mit den Händen herumspielte, legte sie einen Griffel darauf, der bei der geringsten Bewegung auf den Boden fiel. Wenn es sich wiederholte, gab es Schläge mit dem spanischen Rohr: aus »Schicklichkeitsgründen« bei Mädchen nicht auf das Hinterteil, sondern auf die Handfläche, was nicht unbedingt ein Vorteil war.

Es herrschte eine strenge, bisweilen altjüngferlich-prüde Atmosphäre. (Eine Lehrerin mußte ja unverheiratet sein: Bei einer Verehelichung hatte sie unwiderruflich aus dem Dienst auszuscheiden.) Trotzdem blieben auch hier Situationen von unfreiwilliger Komik nicht aus. So etwa, als die Lehrerin nach der Bodenbeschaffenheit im »Heiligen Loch« fragte und die Kuni aus der letzten Bank schrie: »Do gibt's Lahma!« Die Lehrerin, ungehalten: »Wenn ihr in eurem Dialekt nur überall ein A anhängen könnt! Wie oft soll ich es noch sagen: Befleißiget euch in der Schule der hochdeutschen Sprache! Wie muß es lauten?« Jetzt will es die Kuni ganz richtig machen: »Lehmen haßt's, Fräun Lehrin!«

Ein anderes Mal war eine Visitation des Schuldekans angesagt – bis 1919 gab es ja noch die geistliche Schulaufsicht. Lange vorher wurden die Mädchen gedrillt, damit alles gut ablief. Für das Fach »Biblische Geschichte« schärfte die Lehrerin den Schülerinnen ein, daß sich beim Abfragen nur diejenigen melden sollten, die über ein gutes Gedächtnis und eine deutliche Aussprache verfügten. Weiter sollten sie den Herrn Dekan offen und freundlich anschauen und jede Antwort höflich mit einem »Herr Geistlicher Rat« abschließen. Der Schulinspektor war nämlich vor kurzem mit diesem Ehrentitel ausgezeichnet worden und hörte ihn nicht ungern.

Die Visitation nahm einen guten Verlauf. In der »Biblischen Geschichte« hatte der Dekan die Schöpfungsgeschich-

Mädchenklasse des Geburtsjahrgangs 1893 der Kaulbergschule

te geprüft und war nun beim Sündenfall und der Vertreibung aus dem Paradies angekommen. »Was sprach Gott weiter zur Schlange, nachdem er sie verflucht hatte?«, fragte der Herr Dekan. Die Marie war noch nicht drangekommen und meldete sich stürmisch, was ihr einen strengen Blick der Lehrerin einbrachte. Aber sie konnte doch ihren Text und wollte schon alles richtig machen. Endlich aufgerufen, schaute sie den Schulinspektor treuherzig an und sagte eindringlich: »Auf dem Bauche sollst du kriechen, Herr Geistlicher Rat, und Staub fressen dein Leben lang, Herr Geistlicher Rat!«

Im Handarbeiten stand im vierten Schuljahr »das Herstellen von gestrickten Strümpfen aus weißer Baumwolle« im Lehrplan – gewiß eine nützliche Sache! Aber so verschieden wie die Schülerinnen war auch ihr Strickzeug. Bei den einen wuchs der Strumpf schnell und mühelos. Die anderen quälten sich ab, daß die Hände schwitzten und das »Gschtrick« feucht und schwärzlich wurde und trotz allen Dehnens nicht wachsen wollte. Die Lehrerin ging herum, lobte und tadelte, besserte aus und hob gefallene Maschen auf. Besonders schwierig war die Ferse: Wie man sie herstellt, wurde zuerst mündlich erklärt, dann an einem Riesenstrickzeug mit hölzernen Nadeln demonstriert. Trotzdem kamen viele Mädchen nicht zurecht. Die Käthi hatte schon wieder etwas falsch gemacht und mußte nun zum dritten Mal auftrennen. »Geh nüber zum Metzger Panzer und hol ein Pfund Hirn, sonst begreifst du's nie«, sagte die Handarbeitslehrerin ärgerlich. Bereitwillig sprang die Käthi auf: »Därf ich soong, daß des Hirn für Ihna ghört, Fräun Lehrin, donn gibt ä mä välleicht a weng mehr!«

Der »Rot« und der »Saupreiss«

Beim Klassentreffen der ehemaligen Schüler der Kaulbergschule im Röckeleinskeller sitzen alle bunt gemischt: die Madla und Bum von damals, jetzt alle um die 65. Die Unterhaltung ist gut, das bestellte Essen wird's hoffentlich auch sein! Da kommt das Gespräch auf Kaulberger Originale, die schon lange nicht mehr leben.

Fast alle erinnern sich an den »roten« Motschenbacher, der als Vorstand der Häckerbruderschaft und später als Initiator des Wiederaufbaus der Laurenzikapelle auf dem Kaulberg eine Respektsperson war. »Rot« hieß er nicht etwa wegen seiner Parteizugehörigkeit – er war ja ein Häcker und politisch schwarz –, sondern wegen seiner Haarfarbe. Weil man ihn so außerdem viel leichter von den anderen Motschenbacher-Linien unterscheiden konnte, war schließlich nur noch vom »Roten« die Rede. Dazu erzählt der Andrees, der aus einer Altenburger Häckerfamilie stammt:

Eines Tages – ich war ein achtjähriger Bub – hat mir die Mutter befohlen: »Andrees, gehst nauf zum Rotn nei die Würzburger Stroß und richst na aus, daß dei Voddä om Suntoch die groß Häckäfohna net troong ko, wal ä kronk is!« Ich hab ihn auch angetroffen und arglos angesetzt: »Mei Murrä läßt Ihna soong, Herr Rot ...« Do ziecht deä aus zu aanä Schelln und schreit: »Ich haß Motschenbacher, du Rotzbu, daß des waßt!«

Zum Stichwort »rot« fällt dem Josef auch gleich ein Erlebnis ein: Es war Ende der fünfziger Jahre, und er wurde bei der Landtagswahl als Beisitzer im Wahllokal »Greifenklau« eingesetzt. Gegen Abend, kurz vor Schluß, kam aus der gegenüberliegenden Wirtsstube der Körners Michl, ein Häcker, herein. Offensichtlich hatte er sich mit a poä Moos gestärkt zu seiner Bürgerpflicht. Kaum hatte er den Wahlzettel in die Urne gesteckt, da konnte er nicht mehr an sich halten. »Ich hätt euch ja gäwählt, ihä Schworzn«, hörten ihn die anderen Wähler schreien, »wenn ihä ner die Saupreißn net rundä hätt! Ihä seid selbä schuld, daß ich des örschta Mol in mein Lebn rot gäwählt hob – bloß wechä dem elendign Saupreiß halt!«

Die Leute im Wahllokal – es war um diese Zeit nochmals ziemlich voll – waren zuerst starr, dann gab es einen Tumult. Ein Herr mit Gattin beschwerte sich heftig beim Wahlvorstand: »Das ist Verletzung des Wahlgeheimnisses und außerdem eine unerhörte Diskriminierung, nicht nur für uns persönlich, sondern für alle Norddeutschen! Seit

Bei der Wiedereinweihung der Laurenzikapelle am 8. 8. 1954 links August Brey, Georg Motschenbacher, Anton Hergenröder und rechts Kunstgärtner Nikolaus Leicht

Ludwig Thoma weiß man ja, was für eine Beleidigung das ist!« Der Mann müsse sofort zu einer Entschuldigung veranlaßt werden. Aber der Michl weigerte sich entschieden: »Ich hob doch dena Leut nix gätoo, wos wolln denn die vo miä!« Schließlich gab ein anderer Häcker die Aufklärung: »Dä Michl maant doch die Preis für die Säu, no fürs Schweinäfleisch halt, die wu so orch runtäganga sen. Er glabt steif und fest, dodroo wär die schworz Regierung schuld!«

Inzwischen steht im Röckeleinskeller das Essen auf dem Tisch. Der Hans schwärmt von seiner gebratenen Schweinshaxen, die außen knusprig und innen doch rosig und zart sei. Sehnsüchtig und fast ein wenig neidisch sagt der Toni, der strenge Diät halten muß: »Ah, zord und rosich und doch knusprich, wie gärn hätt ich aa sowos!« Dabei schaut der Witwer aber nicht die Haxen, sondern seine ehemaligen Mitschülerinnen an, die alle noch recht gut beieinander sind. Da lacht die Rettl: »Fei obachd, Toni, mit zord, rosich und knusprich brauchst dä bei uns nix meä eizäbildn, do mußt di scho wuanderscht umschaua!«

Haben oder Sein?

In den zwanziger Jahren lebte in Bamberg ein Baron, ein pensionierter Offizier, dessen größtes Vergnügen es war, sich unters Volk zu mischen. Fast täglich machte er seine Runde durch die Brauereien und Wirtschaften des Berggebiets. Leutselig, aber ungebeten setzte er sich an die jeweiligen Stammtische, nicht immer zur Freude der Anwesenden. Dabei war er ständig auf der Jagd nach Neuigkeiten und vor allem nach witzigen Geschichten oder Aussprüchen, um sie dann im nächsten Lokal weiterzuerzählen. In seiner außergewöhnlichen Zerstreutheit durfte er wohl als eine Art fränkischer »Graf Bobby« gelten.

Als man dem ungebetenen Gast einmal die Fangfrage stellte, ob denn der Herr Baron schon wisse, daß die »Straße der Dardanellen« gepflastert werden sollte, gab er prompt die Antwort: »Verständlich, meine Herren, verständlich! Bei den vielen Autos heutzutage!« Eines Sonntags erschien er zur Zeit des Frühschoppens am Stammtisch im Kaiser-

Fahnenweihe des Vereins Jüngerer Häcker am 1. Juni 1925

wirtskeller. Sein Beitrag zum Gespräch bestand diesmal in der Sentenz »Alles Gute kommt von oben!« Die Tischrunde – alles Häcker und Kaulberger – fand den Satz nicht besonders witzig, zumal der Baron ihn mehrmals wiederholte und damit ihr angeregtes Gespräch unterbrach. Endlich wurde es dem Simon zu dumm. Als er zum Austreten aufstand, praktizierte er den Hut des Barons vom Haken an den Ventilator. Beim Zurückkommen drückte er sich so lange an der Theke herum, bis die bestellte Leberklößsuppe vor dem Baron stand. Dann schaltete er verstohlen den Ventilator ein, und – platsch! – plumpste der Hut in die Suppe, die über den Tisch spritzte. »Ja, ja, mer sichts, Herr Baron!«, lachten die Stammtischbrüder, »alles Gute kommt von oben!«

Im »Ahörnla« am Jakobsberg wurde er gefragt, ob er folgendes Rätsel lösen könne: Ich hobs und du bists! Er kam partout nicht darauf, aber als er schließlich die Lösung hörte, konnte er gar nicht mehr aufhören zu lachen – so abgehackt und stoßweise, wie er sprach. Dann zahlte er schnell seine Zeche und brach auf. Mit diesem exzellenten Witz mußte er doch bei den Häckern die Lacher endlich mal auf seiner Seite haben. »Ich hab's – du bist's, ich hab's – du bist's«, murmelte er auf dem Weg zum Kaiserwirt immer wieder vor sich hin. Er hatte sich kaum hingesetzt, als er schon schnarrte: »Feiner Witz, meine Herren, feiner Witz! Ich ... ich ... – doch grade noch gewußt! Ach ja, so war's: Ich bin's und du hast's!!!« Die Lösung kam sofort und einstimmig: »A Orschloch!«

Proletarier

»Proletarier« – als ich dieses Wort als Kind in den dreißiger Jahren erstmals hörte, hatte es für mich einen negativen Beigeschmack. Auch damals gab es Arbeitslosigkeit und Schwarzarbeit, die die Handwerksmeister, wie mein Vater, verächtlich als »Pfuschen« bezeichneten. Es war zwar durchaus üblich, daß sich ein Geselle für den Eigenbedarf kleine Materialteile mitnehmen konnte und für kurze Zeit auch Werkzeug – doch er mußte vorher fragen. Verschwand aber auffallend viel Material oder blieb Werkzeug gar unauffindbar, dann bedeutete dies, daß jemand aus der Werkstatt »pfuschte«.

Einen solchen Verdacht äußerte mein Vater einmal ärgerlich beim Mittagessen. Die Mutter regte sich auf: »Etz host deina Leut freiwillich a schös Weihnachtsgeld gebn und tust dich ob, daß d' genuch Aufträg kriechst, damit sie im Wintä net arbeitslos wern – a weng Dankborkeit könnt mä schon däwartn!« »Des kost ebn net«, sagte mein Vater resigniert, »es sän halt Proletarier!«

Einer der Gesellen wohnte bei uns im Haus. Für ihn war es das größte Vergnügen, am Sonntag alte Fahrräder zu zerlegen. Er lief ölverschmiert in seinen ältesten Kleidern herum und dachte nicht daran, in die Kirche zu gehen – für meine Mutter völlig unverständlich. Aufgewachsen in einer Häckerfamilie, wußte sie es nicht anders, als daß ein Christenmensch sich am Sonntag von der schweren Arbeit ausruht und »gäwaschn und geschneuzt« zum Gottesdienst geht. »Zä wos sich die Leut nä neua Klaadä kaafn, wenn sie doch bloß im Schrank hänga!«, sagte sie oft.

Auch wegen des schlechten Beispiels für ihre Kinder bedrängte die »Mastera« den Vater immer wieder, seinem Gesellen ins Gewissen zu reden. Aber der weigerte sich strikt: »Es nützt ja doch nix, und außädem gehts miä nix oo, wos deä om Sunntoch mecht.« »Und etz wärst gleich wiedä soong«, ereiferte sich die Mutter, »er ist halt a Proletarier!«

Dreißig Jahre später, Ende der sechziger Jahre, entspann sich zwischen meinem elfjährigen Sohn und mir folgendes Gespräch: »Mamma, wos bist du eigentlich vo Beruf?« Ich stellte die Gegenfrage, ob es denn kein Beruf sei, für eine sechsköpfige Familie zu kochen, zu waschen und zu putzen. »Naa, des maan ich doch net, ich frog noch an richtichn Beruf, bevorst väheiät worst!« Da er hier die schulische Bildung nicht gelten ließ, mußte ich verneinen. »Hostn

Pferdegespann am Unteren Kaulberg um 1935

wenigstens a Vämögn, vo demst a Zeitlong lebn könnäst?« Auch das traf nicht zu. »Geerbt host aa nix?«, bohrte er weiter. »Bis etz nuch net«, antwortete ich lachend, »alles, wos ich hob, sän mei vier Kinnä, mei ganzä Reichtum sozäsong!«

Ich konnte sehen, wie er eine Zeitlang nachdachte. Aber dann sprudelte der Bub, der nach Ansicht seiner Großmutter immer den Nagel auf den Kopf traf, heraus: »Es stimmt alläs ganz gänau, wie bei die oldn Römä, miä homs örscht im Lateinunterricht gälernt: ›Sie hatten keine Berufsausbildung und kein Vermögen, ihr Kapital war ausschließlich ihre Arbeitskraft, und ihr einziger Reichtum waren ihre zahlreichen Kinder!‹ Mamma, etz waaß ichs«, jubelte er, »du bist a Proletarier!«

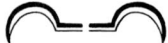

Blätzla

»No, host scho rächt Blätzla gäbackn?« So oder ähnlich hört man es an Adventstagen, wenn sich Hausfrauen beim Einkaufen oder beim Kaffeeklatsch treffen. Dann hebt ein Klagen an über die mühselige und zeitraubende Arbeit des Plätzchenbackens, und man beschließt, es heuer drastisch zu reduzieren. Aber wetten, daß diejenige, die sich am entschiedensten gegen die »Backerei« ausspricht, dann kurz vor Weihnachten mit verschämtem Stolz zugibt, es doch auf 25 Sorten gebracht zu haben.

Wenn ich als Kind meine Mutter fragte, welche Plätzchen denn in ihrer Kindheit – so um 1900 – gebacken wurden, dann erzählte sie, daß es damals in den Häckerfamilien weder Plätzchen noch Stollen gegeben habe. Trotzdem ent-

Küche im Gärtner- und Häckermuseum

wickelte sie sich später zu einer tüchtigen Plätzchenbäckerin, die sich auch an schwierige Rezepte herantraute.

Besonders stolz war sie auf eines, das ein streng gehütetes Geheimnis der »besseren Kreise« war und das sie einer angeheirateten Tante abgenöggelt hatte. Es stammte noch aus der Zeit, als Bayern ein Königreich war: Mehr Konfekt als Plätzchen, galt es als Hochgenuß und hieß anfangs »Prinzregentenschnitten«. Gerade in der ärmsten Kriegs- und Nachkriegszeit, als es höchstens magere Plätzchen aus Kunsthonig oder Rübensirup gab, schwärmte man in der Verwandtschaft von diesem exquisiten Gebäck. Es hatte inzwischen seinen erlauchten Namen verloren und hieß nur noch »Tante-Liesl-Blätzla«.

Diese Tante – meine Mutter – wurde im Advent 1945 einmal von einer kleinen Nichte besucht, die immer auf der Suche nach etwas Süßem war. »Host du nuch goä ka Blätzla gäbackn?« fragte sie, und die Tante schüttelte den Kopf. Da deutete die Kleine auf einen Teller, auf dem dunkle, fingerlange Schnitten aufgeschichtet lagen. Sollte das eine Spar-Variante der berühmten Blätzla sein? »Och des«, sagte die Liesl augenzwinkernd, »des sen mei Gäwürzblätzla!« »Därf i aans versuung?« »Sovillst willst, wenn sie diä schmeckn!«

Gleich griff das Mädchen nach einer Schnitte, verzog das Gesicht und empfahl sich ziemlich plötzlich. »Wos host denn du für dolla Gewürzblätzla gäbackn?«, wurde die Liesl bald darauf von ihrer Schwester, der Mutter des Mädchens, gefragt. »Dolla Gäwürzblätzla? Och so!« Die Liesl fing schallend an zu lachen. »Des worn doch kolta Gänsklöß!« (Die wurden aus Kartoffeln, Schrot und Gerstenkörnern gekocht und ausschließlich zum Mästen der Weihnachtsgans verwendet.)

Vierzig Jahre später. Ich telefoniere im Advent mit meinen Kindern, die in verschiedenen Städten arbeiten oder studieren, und erwähne beiläufig das Plätzchenbacken. »Was, Blätzla bäckst du noch?«, sagt der Älteste, »das ist doch überhaupt nicht mehr ›in‹! Meine Frau sagt, sie bäckt keinesfalls ›Kekse‹!« »Kekse«, sage ich pikiert, »so etwas Gewöhnliches würde ich zu Weihnachten nie backen! Du kennst doch unsere ausgewählten Rezepte!« »Sei doch nicht beleidigt, Mutter, die Preußen sagen halt ›Kekse‹.«

Aber auch meine Tochter redet mir am Telefon gut zu: »Willst du denn ständig in der Küche stehen? Ich weiß doch, wieviel Arbeit die Plätzchen machen. Es wird Zeit, daß du dich emanzipierst«, sagt sic als moderne Theologin und empfiehlt mir, lieber zu einer Meditation oder in ein schönes Adventskonzert zu gehen. »Blätzla?«, sagt entrüstet mein zweiter Sohn. »Der reine Zucker! Das ist doch Gift für den Vater mit seiner Diät und für uns alle! Nach Weihnachten hat jeder fünf Pfund zugenommen. Lies lieber ein paar gute Bücher«, rät er und gibt mir gleich einige Titel durch.

Wehmütig denke ich an den »Bamberger Speculatius«, ein Rezept meiner Großmutter väterlicherseits, das so anfängt: »Man nehme ein halbes Pfund Butter und ein halbes Pfund Schmalz, rühre es schaumig ...« Auf meine Frage, ob er sich denn Weihnachten daheim ohne Plätzchen vorstellen könne, antwortet mein Sohn immerhin gnädig: »Na ja, ein paar kannst du ja backen, aber nur ein paar!«

Am Heiligen Abend stelle ich zum Stollen einen großen Teller mit Plätzchen auf den Tisch: Husarenkräpfchen, Vanillehörnchen, Nußplätzchen, insgesamt ein Dutzend Sorten, also viel zu viel. Gespannt warte ich auf die Reaktionen meiner Kinder. Sie stürzen sich wie wild darauf, einschließlich der Schwiegertochter, die ja nichts von »Keksen« hält.

In Kürze ist der Teller fast leer, aber der Dialekt ist wieder da. »Mamma«, sagt der Älteste, während er sich das letzte »Schokoladenküßla« in den Mund schiebt, »do worn ja goä ka Anisplätzla däbei, waßt scho, die mit die ›Füßla‹!« »Und des Tiroler Bischofsbrot host scheint's aa net gäbackn«, meint die Tochter. Der Sohn, der so gegen den Zucker war, sagt mit leisem Vorwurf: »Wenigstens aus Pietät hätt mä die Pfeffernüß von der Oma Karolina backn müssn, die mit'n dickn rosa Zuckäguß und die farbichn Streusl, des sen miä die alläliebstn!«

Soll ich lachen oder aus der Haut fahren? Aber es ist ja Weihnachten! Ich stelle also einen neuen, hoch aufgetürmten Plätzchenteller auf den Tisch.

Christkindla, fliech übä mei Haus

Zu Weihnachten wünscht sich meine Enkelin in diesem Jahr ein Puppenhaus – eine ziemlich kostspielige Sache, wie mir ihre Mutter heimlich klagt. Von Anna-Lena selber kommt gleich die unvermeidliche Frage: »Sag mal, Oma, hast du dir auch ein Puppenhaus vom Christkind gewünscht, wie du klein warst?« »Och Gottla«, sag ich mit einem Seufzer, »wie ich so old woä wie du, do woä Krieg, do hot mä sich net vill wünschn könna!« Das Mädchen schaut mich erstaunt an, überlegt ein bißchen, dann blitzt es in ihren dunklen Augen, und sie sprudelt heraus: »Aber Oma, das mit dem Krieg, das macht doch dem Christkind nix! Das hat doch alles und kann alles! Das hätt dir sicher ein Puppenhaus gebracht, wenn du's nur ganz fest gewünscht hätt'st!«

Sind das nicht genau die gleichen Gedanken, die meine eigene Mutter vor etwa neunzig Jahren hatte?

Damals hat sich das Liesäla vom Christkind eine Puppe gewünscht, eine ganz besondere, mindestens ebenso schön wie die ihrer Freundin Eva, die die Tochter eines reichen Häckers war. Schlafaugen sollte die Puppe haben, mit richtigen Wimpern, und lange, echte Haare, die man zu Locken oder Zöpfen kämmen konnte. In den Läden drunten in der Stadt konnte man solche Schönheiten bewundern: Lackstiefelchen hatten sie an und wunderbare Kleider, die man aus- und anzieh'n konnte. Bis jetzt hatten die Liesl und ihre Schwestern immer nur billige, steife Stoffpuppen mit grob aufgemalten Gesichtern und Haaren. Die Kleider waren am Körper festgeklebt, aber nur vorn. Wenn man nämlich die Puppe aus dem Karton herausschnitt, in dem sie festgenäht war, welche Enttäuschung: Die Rückseite war ganz flach und kahl. Wie sollte man mit so einer halben Puppe spielen?

Von ihrer Lehrerin hatte die Liesl gehört, daß das Christkind alle Kinder gleich lieb hat und sie alle beschenkt, weil es ins Herz schauen kann und ihre geheimsten Wünsche kennt. Ob sie arm sind oder reich, spielt keine Rolle – nur brav müssen sie sein! Und das wollte sie nun wirklich: Sie zog ihrer Schwester, mit der sie das Bett teilen mußte, nicht mehr die Zudeck' weg und knuffte und puffte sie auch nicht, wenn die sich zu breit machte. Eigentlich war die Liesl ja ein richtiger »Schlofratz«, aber jetzt stand sie ohne zu murren noch im Dunkeln auf und ging in ihren dünnen Schuhen in die eiskalte Pfarrkirche ins Rorate. Die Schule fiel ihr leicht, bloß das Schönschreiben war nicht ihre Stärke. In diesem Advent hat sie sich »bei dä Hausaufgob orch gäploochd dämit«!

Jeden Abend, wenn es dämmerte, sang sie mit den Geschwistern: »Christkindla, fliech übä mei Haus, leer dei goldänäs Säckla aus!« Dabei stellte sie sich die Schlafaugen-Puppe vor, die sie mit glänzenden Augen im Porzellangesicht anguckte und stets ein schöneres Kleid trug. »Hobt äs gsähng?«, sagte sie einmal aufgeregt, »etz is grod es Christkindla väbeigfloong und hot reigäguckt! Sei Flügl hom ganz orch gäglänzt!«

Unter Hoffen und Erwarten schlichen die Tage dahin, bis endlich der Heilige Abend da war. In der Früh' zählte die Mutter seufzend ihr Geld. Werds denn langa? Bevor die Händler ihre Waren zusammenpackten, ging sie schnell zum Weihnachtsmarkt hinunter, um für jedes Kind möglichst günstig ein kleines Geschenk zu kaufen.

Als am Abend zur Bescherung des Glöckla gschellt hot, standen die fünf Kinder wie die Orgelpfeifen um den Christbaum und sangen ihr »Stille Nacht«. Das Liesäla vermied es krampfhaft, zum Gabentisch zu schauen, und hatte nur den einen Gedanken: »Liebs Christkindla, bitt schön, bring mä die Puppn!«

Aber dann. Auf ihrem Platz lag die gewohnte Stoffpuppe und starrte sie ausdruckslos an. Mit aller Kraft unterdrückte die Liesl die Tränen, die ihr in die Augen schossen. Die Familie merkte nichts von ihrer Verstörtheit, zumal der Vater die Erlaubnis gab, den Christbaum zu plündern. Der stand auf einem Tischchen und hing nicht mehr, wie bei den Häckern der vorigen Generation, an einem Haken von der Decke. Neben Kerzen und Äpfeln war er mit farbig glasierten Figuren aus Wassermarzipan behängt, unter denen auch Adam und Eva nicht fehlten. Das durften die Kinder jetzt herunterholen. »Obä den Geldscheißä loßtä fei hänga, deä muß übä Neujohä drauf bleim, sunst geht nächstäs Johä des Geld ganzägoä aus!« Diesmal kämpfte die Liesl nicht um ihren Anteil und hatte auch wenig Appetit, als es anschließend »Tieglkuung mit Weinbeerla drin« gab. Von dem durften die Kinder dieses eine Mal im Jahr essen, soviel sie wollten.

Viele Jahrzehnte später hat mir die Liesl die Geschichte ihrer Enttäuschung erzählt. Das machte mich sehr betroffen. Wäre es in so einem Fall nicht besser – ging es mir durch den Kopf – den »Christkindlesglauben« gar nicht zu vermitteln? Hin- und hergerissen, gab ich zu bedenken: »Sooch, wärs net gscheitä gewesen, du häst gewißt, daß dei Muttä die Gschenke kaft, donn wär doch die Erwartung net so groß gäwesen?« Meine Mutter lächelte versonnen: »Na, na, des woä doch des Schönsta o unsärä Kindheit, die Vorstellung vom Christkindla! Wos mä sich do alläs ausgämolt und zsammgätraamt hot in seinä Phantasie – des woä einfach a Selichkeit! Wenn des aa nuch wechgfallen wär, ja, wos wär denn donn nuch übrichgäbliem? Ich maan also trotzdem, mä soll die Kinnä, so langs geht, den Christkindläsglaabn lossn!«

So a Weihnachtsgschenk

Jeden Samstagnachmittag, wenn die Lehrlinge die Werkstatt meines Vaters aufgeräumt hatten, kam die Marie, um den Hausflur aus Steinterrazzo zu putzen. Sie bearbeitete ihn auf den Knien mit einer Wurzelbürste und war stets ärgerlich, wenn eine Hausfrau, die in letzter Minute ihren gelöteten Klößtopf für den Sonntag abholen wollte, in den feuchten Gang »neigsabbd is«. Dann mußte sie die »Dabbä« wieder wegputzen. Nach der Arbeit bekam sie ein Fünfmarkstück – es war ja die Zeit nach der Währungsreform –, einen Kaffee und zwaa Bamberchä Hörnla. Dabei erzählte sie meiner Mutter, die ihr besonderes Vertrauen genoß, aus ihrem Leben und auch, was sie momentan bewegte, sie hatte ja sonst kaum eine Ansprach' in der Stadt.

Die Marie stammte nämlich vom Land und hatte in reiferem Alter ein kleines Häckerhaus am Kaulberg geerbt. Daraufhin war sie in die Stadt gezogen und verdiente ihren Unterhalt mit Putzplätzen. Sie war bestrebt, sich der neuen Umgebung anzupassen und trug nur dunkle oder kleingemusterte Kleider, um nicht aufzufallen. Eines sonntags hatten wir sie unter ihrem unbeschreiblichen Hut, den sie wie eine Sturmhaube tief in die Stirn gezogen hatte, fast nicht erkannt. Mein Bruder und ich nannten sie – frech, aber trotzdem liebevoll – unseren »Mastvogel«. Damit hatten wir ihren Nachnamen nur um einen Buchstaben verändert, und irgendwie erinnerte uns auch ihre Statur, klein und

Häckerfrau in »Mutz'n« (Bluse) und »Schörzä« um 1935

korpulent, mit kurzen Gliedmaßen, an unseren Weihnachtsbraten.

»Wie ich jung woä, do hob ich fei aa an Bräutigam ghobt«, erzählte sie einmal meiner Mutter, »miä sän long mitnandä ganga und hom uns zägoä mitänandä fotografiern gäloßt – obä donn is ä auf und dävo und hot mi sitznlossn – ich waaß heut nuch net, warum! No ja, hob i gädocht, die teuä Fotografie schmeißt doch net wech. Ich hob sie einfach ausänandägschnittn und mei Hälft' bähaltn. Obä des aana muß mä na lossn, Charaktä hot ä ghobt, mei Bräutigam!«

Kurz nach den Weihnachtsfeiertagen erschien die Marie mit einer großen Tasche zum Putzen und war offensichtlich sehr aufgeregt. Dazu kam noch, daß sie sich über freche Reden von ein paar Lausern ärgern mußte, die sie fast als lästerlich empfand. Die Buben turnten vor der geöffneten Haustür kopfüber am Geländer. »Hei, dei Nosn is wie a Krippäla«, sagte der eine. »Hä?« »No ja, dei Nosn is die Höhln, und die Pöppl sän die Figurn drinna!«

Kaum war die Marie fertig mit der Arbeit, gab es kein Halten mehr: Meine Mutter wisse doch, daß sie auch bei einer Frau Professor einen Putzplatz habe, die sich sehr für sie interessiere. Aber sie würde nicht recht warm mit ihr, weil die so »preußisch« rede und auch ihren Namen immer auf der zweiten Silbe betone, wo sie doch »Marri« heiße. Diese Frau, deren Mann ein hohes Tier an der Sternwarte war, hatte schon vor Weihnachten geheimnisvolle Andeutungen über ein Weihnachtsgeschenk gemacht. »Välleicht schenkt sie miä a poä Märkla«, hatte die Marie gehofft. Als am Heiligen Abend der Hausputz geschafft war, hatte die Dame in die Hände geklatscht und gerufen: »Und nun, Marie, machen Sie die Augen zu, denn jetzt kommt Ihr Weihnachtsgeschenk!« Als sie die Augen wieder öffnen durfte, schwenkte die Frau ein Kleid, das sie »mit eigenen

Händen« genäht hatte. »Ein wunderbares, bäuerliches Festgewand, genau das richtige für Sie, Marie!« Sie mußte es gleich anprobieren und sich drehen und wenden, damit die Frau Professor ihr Werk bewundern konnte. Die Marie war starr vor Glück, wie die Dame glaubte.

Jetzt wühlte die Marie aus ihrer großen Tasche das Kleid, um es meiner Mutter zu zeigen. Es war aus einer Art großgemustertem Vorhangstoff, rostrote Blumen auf weißem Grund, in der Form eines »Winterdirndls« mit goldenen Knöpfen gemacht. »Und füä so a Weihnachtsgschenk«, sagte die Marie erbittert, »hob ich mich hunnärdmol bädankn müssn. Ich mach mich doch net zum Naan und ziech so a Bauernklaad oo, net amol zum Putzn!«

Die Silvesterglocke

Im Jahr 1995 sind so viele Erinnerungen an das Kriegsende vor fünfzig Jahren lebendig geworden, daß es schade wäre, wenn ein Ereignis, das sich in der Silvesternacht 1945 zugetragen hat, vergessen würde.

Der Bombenangriff vom 22. Februar hatte den Kaulberg schwer getroffen: Mehr als fünfzig Bewohner waren umgekommen, viele Häckeranwesen und Bürgerhäuser lagen in Schutt und Asche. Auch gegen Ende des Jahres 1945 hatte sich daran nicht viel geändert, es fehlte Material zum Aufbau. Die beschädigten Häuser waren notdürftig wieder bewohnbar gemacht worden. Aber Fensterscheiben aus Pappe oder Sperrholz waren keine Seltenheit, undichte Dächter mit zerstörten Kaminen sah man allenthalben.

Auch die Laurenzikapelle im Siechhof war von den Bomben dem Erdboden gleichgemacht worden. Lediglich die Statue des hl. Urban, dessen ausgestreckte Segensfinger aus dem Schutt geragt hatten, war fast unbeschädigt geborgen worden und auch die Glocke aus dem heruntergeschleuderten Dachreiter. Nur der Klöppel war nicht mehr aufzufinden.

In den letzten Dezembertagen trafen sich ein paar junge Kaulberger: der Rudi, der Franz und der Geo – auch die Helene gehörte zu dieser »Gai«, wie man damals sagte. Sie waren alle im Alter zwischen vierzehn und sechzehn und hatten genug von der dumpfen Hoffnungslosigkeit und dem grauen Alltagselend. Die triste Atmosphäre hatte sich wie ein dichtes Netz über die Menschen gelegt. »Des ko doch net so weitägeh«, sagte der Rudi, »wenigstens o Silvestä müssn miä wos auf die Baa stelln!« Aber was? Sie alle konnten sich noch an die Jahreswechsel vor dem Krieg erinnern mit Raketen, Knallfröschen, Punsch und Glockenläuten. »Mit Raketn und Knallfrösch is nix«, meinte der Geo. »Obä mit Glockn«, rief der Rudi, »im Gartn vom oltn Schutzmoo Popp steht doch die Glockn vom Laurenzikapella – die läutn mä nochts um zwölfa!«

Die andern waren begeistert. Im Siechhof stand noch ein einziger knorriger Birnbaum, der sollte den Glockenstuhl abgeben. Aber wie die Glocke hinaufhieven, sie hatte immerhin anderthalb Zentner! »Kuhkettn und Kälbästrick däzu könntä vo miä hom«, kam's nach einer Weile vom Franz. »Die sen nuch do, wenn aa unsä Viech kaputt is seitm Ongriff.« Keiner der Freunde sagte etwas, aber alle hatten noch den schrecklichen Anblick vor Augen, als die toten Kühe über das nackte Pflaster des Kaulbergs hinuntergeschleift wurden. »Obä ohna Klöppl könnä mä ka Glockn läutn«, warf der Geo ein.

Die am 22. Februar 1945 von Bomben zerstörte Laurenzikapelle

Sie kamen überein, sich aus der Werkstatt eines Onkels einen Hammer zu »organisieren«, den sie in die Glocke einhängen wollten, dazu ein Vierkantholz, das, durch die Glockenkrone gezogen, das Schwingen und Tönen ermöglichen sollte. Das alles mußte unauffällig in kurzer Zeit bewerkstelligt werden. In der Silvesternacht gingen dann alle vier auffallend früh ins Bett, um sich nach einer Weile leise aus dem Haus zu stehlen. Die Helene hatte gräßliche Angst, daß ihr Vater sie erwischen könnte. Schlimme Gewissensbisse plagten den Rudi: Was würde seine Mutter dazu sagen – wie würde er vor den Nachbarn dastehen?

Würden vielleicht seine Freunde und er von der Militärpolizei verhaftet werden, weil sie die nächtliche Ausgangssperre der Amerikaner nicht einhielten? In den vergangenen zwölf Jahren war jede Eigeninitiative gefährlich gewesen. Aber als sich auch die andern drei auf dem Siechhof einfanden, wischte er alle Bedenken weg.

Möglichst geräuschlos schafften sie die Glocke aus dem Garten des Schutzmanns zum Birnbaum. Nach einigen Anläufen – die Helene hockte im Baum – gelang es, die Glocke hinaufzuziehen. Am Vierkantholz wurde der Kälberstrick als Läutseil befestigt. Helene zündete die mitgebrachten Kerzenstummel und Teelichter an (die damals noch Hindenburglichter hießen), die sie kreisförmig um den Baum gruppiert hatte. Gespannt lauschten alle, bis die Schläge der Turmuhren aus der Stadt die Mitternacht anzeigten. Da begann der Franz mit zitternden Händen zu läuten.

Die Menschen in den umliegenden Häusern trauten ihren Ohren nicht. Das war doch die Glocke von ihrem »Kerchla«! Bis zum Angriff hatten sie sie täglich zweimal den »Engel des Herrn« läuten hören. War dies nun ein Traum oder eine Halluzination? Es gab doch keine Laurenzikapelle mehr! Zögernd öffneten sie die Türen und gingen dem

Klang der Glocke nach zum Siechhof. Im Kreis stellten sie sich um die flackernden Lichter: Männer und Frauen in Tücher und Decken eingehüllt. Bis aus der Würzburger Straße kamen die Leute, unter ihnen ein bärtiger Häcker, in seiner blauen Arbeitsschürze, der Frau und Sohn verloren hatte. An den Lippen der Menschen war es abzulesen, daß sie beteten für ihre Toten und Gefallenen, Vermißten und Gefangenen. Viele weinten. Vom Kaulberg hörte man die Jeeps der Amerikaner quietschen, aber die vier hatten keine Angst mehr. Nach einer Weile gingen die Menschen, ohne ein Wort zu reden, in ihre Häuser zurück, und schließlich verstummte auch die Glocke.

»Ja, ja«, sagt der Rudi, der mir gegenübersitzt und diese Geschichte erzählt hat, »wir waren in dieser Silvesternacht wirklich die einzigen in Bamberg, die das neue Jahr eingeläutet haben. Für uns und für die Leut vom Berg war es ein Hoffnungszeichen. Daß das Jahr 1946 ein schlimmes Hungerjahr werden würde, wußten wir damals freilich noch nicht. Allmählich ging es dann ja aufwärts, und wir haben alle noch schöne und festliche Silvesternächte erlebt, aber diese eine werden wir nie vergessen!« Seine Frau, die Helene, nickt zustimmend. Der Rudi hebt sein Glas und trinkt mir zu: »Daß niemals wieder so schlimme Zeiten kommen! Prosit!«

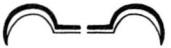

Lina Schrüffer, Häckerstochter, um 1920

Mörba Laabla (Mürbe Semmeln)

Des Rezept stammt von meiner Kaulberger Großmutter Kuni und ist bestimmt hundert Jahre alt. Ich habe es für das »Kaulberger Backbuch« genau so aufgeschrieben, wie sie es mir gesagt hat.

Zutaten: 1½ Pfund Mehl
2 Eiä
½ Pfund Buttä
an Schoppn (¼ l) Milch
1 Eßl. Zuckä
Solz
a poä Löffl Rahm
für a Fünferla Hefn
(des sän heut so 20 g)

Zubereitung: Aus Mehl, Hefn und Milch (mach sie fei net zä haaß!) mechst a Dämpfla, läßt äs geh und tust äs donn mit Eiä, Buttä, Zuckä, Solz und Rahm vämischn, knetst äs tüchtich und läßt äs zugädeckt nuch amol gut geh.

Donn stichst vom Daach mit an Löffl Bätzla ob und drehst und wulcherst sie untä der hohln Hend auf an Holzbrett so long, bisd a schös glotts Bälla host (so, wie mäs halt beim Krapfnbackn aa mecht!). Dä Daach gibt 24 Stück aus. Die Bälla tust auf Blechä setzn (obä mach fei an g'hörign Obstond!) und läßt sie nuch amol geh. Donn nimmst a Gänsfedä und streichst domit voäsichtich flüssicha Buttä auf die Laabla. Sie wern bei kräftichä Hitz gäbackn. Wenn sie oofanga, braun zä wern, tust si nuch amol mit Milch odä Rahm bästreichn.

Die Laabla kost zä Kaffee odä Tee, obä aa zä Biä odä Wein essn.

Und wenn Sie ka Gänsfedä bei dä Hend hom, a Pinsl tuts fei aa – desweng wern die Laabla genau so schöö!

Himmlisches und Irdisches

DIE WELT DER HÄCKER AM BAMBERGER KAULBERG

von Klaus Guth

Bamberg, als Stadt am Fluß und auf Hügeln im Lauf der Jahrhunderte gewachsen, hat eine eigentümliche Stadttopographie in unterschiedlichen Stadtvierteln herausgebildet. Der altehrwürdige Domberg, als weltliches und geistliches Zentrum der mittelalterlichen Stadtanlage, lebt in enger Nachbarschaft zum nicht jüngeren Kaulberg, begleitet vom Stephans-, Jakobs- und Michelsberg. Zusammen mit der Theuerstadt bilden die fünf ehemals geistlichen Immunitätsbezirke die historischen Wurzeln der späteren Residenzstadt.

Erst im Verlauf des Hoch- und Spätmittelalters erreichten die Bewohner der Oberen und Unteren Pfarrei Stadt-, Markt- und Selbstverwaltungsrechte. Doch blieb letztendlich der Bischof der Stadtherr. Durch die Aufgabe der Grundherrschaften der Stifte, Klöster, des Domkapitels und des Fürstbischofs im Zuge der Säkularisation (1803) in der Stadt wurden die Bewohner der jetzt neu eingeführten Distriktsviertel in einem städtischen Gemeinwesen verbunden. In ihm lebten Kaufleute und Handwerker, Fischer und Schiffer, Gärtner und Häcker, Brauwirte und Ackerbürger als Grundschicht der Bevölkerung mit den Vertretern der Hofbeamtenschaft, den geistlichen und weltlichen Herren, mit dem Stadtadel, den Angehörigen der Universität und des Militärs friedlich zusammen.

Die bodenständige Gruppe der Gärtner und Häcker prägt bis in unsere Tage durch ihre Häuser und Hofanlagen das Stadtbild am Kaulberg oder in der Oberen und Unteren Gärtnerei im Stadtteil Wunderburg oder in St. Otto. Haus- und Hofformen, Straßen- und Flurnamen, Kirchweihfeste, Zünfte, Vereine und Bruderschaften erinnern bis heute an eigentümliche Lebensformen der Gärtner im Tal und der Häcker auf dem Kaulberg mit seinen benachbarten Hügeln. Gerade die zuletzt genannten bearbeiteten, hackten, lockerten den Boden der Weinberge in den Lagen am Kaulberg, Michelsberg und in den Fluren unterhalb der Altenburg, trugen den Dünger in Körben vor Ort die Weinberghänge hinauf, spannten Rebschnüre, setzten Pfähle oder beschnitten die Reben.

Als der Weinanbau in Bamberg im Verlauf des 19. Jahrhunderts immer stärker durch den Wandel der Trinkgewohnheiten und durch den Ausbau der Eisenbahn zurückging, die zahlreichen ortsansässigen Klein- und Großbrauereien Bamberg als Stadt des Bieres bekannter machten, hatten die Bamberger Häcker zwar keine Weinberge mehr zu bestellen, doch ihre Arbeit in der Landwirtschaft blieb hart genug. Die durch Realteilung beim Tod der Besitzer jeweils verkleinerten Anbauflächen minderten den Ertrag der kleinen Landwirtschaftsbetriebe rund um den Kaulberg und stellten immer weniger Milchkühe auch als Zugtiere bereit. Die kleinen bäuerlichen Anwesen waren auf den Zuerwerb durch die Hauswirtschaft angewiesen. Schweine, Gänse, Enten und Hühner, bisweilen ein Kälbchen, besserten den Verdienst aus der Landwirtschaft auf.

Der Häckersfrau oblag, wie auch auf dem Lande, die Hauptlast der Hausarbeit. Während der Mann das Vieh mit Grünfutter versorgte, die Felder bestellte und düngte und Heu oder Getreide in die Scheune brachte, blieben der Frau neben der Stall- und Hausarbeit auch noch Teile der Feldarbeit überlassen. Zusammen mit den halbwüchsigen Kindern war ihre Mithilfe beim Heuen, beim Gemüseanbau, bei der Getreide-, Rüben-, Obst- und Kartoffelernte, auch bei der Weinlese, unumgänglich.

Anders als die Arbeit der Gärtner im Schwemmland zwischen Regnitz und Main blieb die Feldarbeit der Kaulberger Häcker stets mühevoll und hart. Der Einsatz von Maschinen nach der Jahrhundertwende war aus Kostengründen eine Seltenheit, der handwerkliche Zuverdienst des Häckers im Winterhalbjahr ist nicht bekannt. Sicher war der Verkauf von Scheuersand unbedeutend. Der volkskundlichen Stadtteilforschung, die sich bisher stärker den Bewohnern der Oberen und Unteren Gärtnerei widmete, fehlen noch genauere demographische, soziale, kulturgeschichtliche, geographische und volkskundliche Vorarbeiten über die Bewohner am Kaulberg.

Einzelaspekte zur Geschichte des Kaulbergs, seiner Bewohner und Familien, zur Urbani-Prozession und zur Geschichte der Oberen Pfarre und ihrer Wallfahrt wurden von Andreas Augustin Schellenberger, Konrad Arneth, Hans Paschke, Bernhard Schemmel, Werner Zeißner oder Kristin Ehrlich erhellt. Neuerdings wissen wir auf Grund von Examensarbeiten zur Bamberger Gärtnerei, die das Fach Volkskunde an der Universität Bamberg besonders unter Professor em. Dr. Elisabeth Roth und dem Verfasser vergeben hat, einiges auch über den Bereich der Häcker.

Nicht zuletzt dient gerade das 1979 eröffnete Gärtner- und Häckermuseum zusammen mit dem gleichlautenden Trägerverein der Darstellung profaner und religiöser Volkskultur der Gärtner und Häcker in der Stadt. Brauch-, Kleidungs-, Fest- und Wohnformen, dazu die speziellen Geräte und ihre Verwendung beim Anbau, sind durch Abbildungen und Dokumente, durch ausgestellte Objekte, durch das Gärtneranwesen und seine Anlage, gut repräsentiert.

Häcker in Bamberger Tracht um 1920

Ein Bereich aus dem Leben der Gärtner und Häcker aber fehlt uns noch ganz: die Darstellung des Lebens der Bamberger Ackerbürger aus der Retrospektive der Erinnerung. Und damit sind wir endlich bei »Häcker, Heilige und Hollämöffl«, den vorzustellenden Geschichten vom Bamberger Kaulberg. Sich erinnern heißt auch, sich auf Gewährsleute, auf Zeugen stützen. Daher werden die erzählten Geschichten der Rettl Motschenbacher, die sie selbst oder über andere erfuhr, vom Gedächtnis und den Erzählmotiven ihrer Tradenten mitgeformt. Der überlieferte Stoff, die Erzählungen, entstammen der Welt ihrer Eltern und Großeltern und gehen etwa ein Jahrhundert zurück. Einige Geschichten spiegeln Erlebnisse der Verfasserin aus ihrer Kindheit und reichen bisweilen bis in die Gegenwart.

Rettl Motschenbacher, die Erzählerin vorliegender, mit Augenzwinkern und Humor verfaßten Geschichten vom Bamberger Kaulberg, ist durch ihre Familie seit Generationen am Kaulberg ansässig und mit dem Flair und der Bodenständigkeit der Kaulberger von Kindsbeinen an vertraut. Ihr flogen die erzählten Geschichten gleichsam zu und lebten in ihrer Erinnerung weiter, so lebendig und die Lebensmitte der jeweiligen Situation treffend, daß selbst die Betroffenen, Häcker und Häckersfrauen mit ihren Kindern, sie nicht besser hätten erzählen können.

Es sind Geschichten, die auch von der Erzählphantasie der Verfasserin leben, keine dem Tonband entnommenen trockenen Erzählungen und Berichte. Diese werden von der Verfasserin in eingeschobenen Mundartpassagen oft erst zum Höhepunkt geführt. Sie beeindrucken durch erlebte oder übernommene Authentizität und fesseln Leser und Hörer durch ihren »Originalton«. Mit Witz, Komik und Ironie, in episch-dramatischer Erzählgestalt, illustrieren sie Lebenswelt und Mentalität eines ehemals für die Stadt Bamberg typischen Berufsstandes – den der Häcker am Kaulberg.

In den Reigen der Feste in der Stadt ist der Kaulberg noch heute aktiv eingebunden. Gerade das sommerliche Halbjahr erinnert in Bamberg durch die Urbani-Prozession am ersten Sonntag nach Pfingsten (Dreifaltigkeitssonntag) an Papst Urban, den Patron der Winzer und Weinbauern. Nachweislich seit 1705 sorgt die Urbani-Bruderschaft an der Oberen Pfarre wieder für die Durchführung dieser alljährlichen Flurprozession in der alten Gemarkung am Kaulberg.

Nicht die Kirchweihe der Oberen Pfarre, sondern die »Laurenzi-Kerwa« am Oberen Kaulberg führt die Kaulberger Bevölkerung zusammen – die Motschenbacher, Gut, Pflaum, Montag, Leicht, Herrmann, Nagengast, Schrüfer, Klüglein, Held, Späth, Preller u. a. m., die zwischen Oberer Pfarre, Karmeliten, Sutte, Laurenziplatz, Hohem Kreuz, Stephansberg, Hölle und Pfahlplätzchen wohnten oder noch wohnen –, kurz bevor die Sand-Kirchweih die Stadtteilfeste in Bamberg beschließt.

Bildet die Laurenzi-Kirchweih den Höhepunkt der weltlichen und geistlichen Feste im Umkreis von Sutte, Panzerleite, Karmeliten und Kaulberg, dokumentiert die Urbani-Bruderschaft durch den Wiederaufbau der Laurenzi-Kapelle in nachbarschaftlicher Hilfe und Solidarität nach dem Zweiten Weltkrieg den Gemeinsinn der Häcker, so werden noch heute durch die große Marienprozession am Sonntag nach Mariä Himmelfahrt die beiden Gnadenbilder beim festlichen Besuch der Oberen Pfarre in St. Martin zusammengeführt. Ein Meer von Blumen, Gladiolen, Rosen und Astern, schmücken beide Heiligtümer. Musik, Lieder und Gebete, offizielle und nichtoffizielle Teilnehmer, die Begleiter der Prozession am Straßenrand und die Träger der Fahnen und

Figuren, Weihrauchs- und Bratwurstduft unterwegs, erinnern an die barocken Anfänge der Prozession.

In ihr verschmelzen Himmlisches und Irdisches miteinander, so eindrucksvoll wie in den Geschichten von Rettl Motschenbacher. Sie handeln von Schabernack und Scherz in der harten Not des Alltags der Häckerfamilien, sie berichten von Reue und Zerknirschung der Häcker bei ihren kleinen Missetaten und dokumentieren Gemeinschaftsgeist und gegenseitige Hilfe. Es sind dem Leben abgehörte Geschichten, die von der Verfasserin mit viel Sinn für Humor und Situationskomik erzählt werden. Mögen sie ihr Leserpublikum auch über Bamberg hinaus finden. Denn die kleine Welt am Kaulberg ist Spiegel der großen.

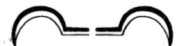

Inhaltsverzeichnis

Seite

Danksagung

Allen, die in freundlicher und uneigennütziger Weise zum Entstehen dieses Buches beigetragen haben – sei es durch Anregungen oder Ergänzungen zu den Geschichten, sei es durch die Leihgabe von alten Aufnahmen –, danke ich herzlich: Fritz Eichfelder, Karl Fischer, Adelbert Fleischmann, Helmut Frank, Willi Geuß, Edeltraud Igel, Gunda Kemmer, Maria Leicht, Otto Motschenbacher, Fritz Müller (†), Grete Müller, Susanna Schmidt, Elisabeth Schmidt-Tilch, Hans Schwenzer, Erwin Seuling, Andreas Späth, Rudi Spangel, Josef Übel, Rudi Wolf, Josef Zahner. Für sein erhellendes Nachwort danke ich Prof. Dr. Klaus Guth und für das engagierte Lektorat Monika Beer. Besonders danke ich meinem Sohn Wolfram für die Bearbeitung des Fotomaterials, meinem Sohn Uli für den sprachlichen Feinschliff und meinem Mann für Verständnis und Geduld während der langen Entstehungszeit.

Abbildungsnachweis

Das Titelbild zeigt Urbaniträger und Häcker um 1910, die Abbildung auf Seite 5 junge Häckerinnen bei einem Festumzug um 1914. Die Vorlagen stammen überwiegend aus Privatalben sowie von Emil Bauer (S. 14, 18, 21, 34, 38, 99, 101, 105, 113) und dem Stadtarchiv Bamberg (S. 49, 83; Fotograf: Jürgen Schraudner)